Reshad Feild

Leben um zu heilen

W0192850

Reshad Feild

Leben um zu heilen

Verlag Bruno Martin

Originaltitel: Here to heal
© Reshad T. Feild, 1985

By Arrangement with Element Books Ltd.
Longmead, Shaftesbury, Dorset, England

Deutsche Erstveröffentlichung 1985
Verlag Bruno Martin
2121 Südergellersen

Übersetzung aus dem Englischen:
Bruno Martin

Titellithographie:
Reproduktionstechnik Wolfgang Steiner, Hamburg
Satz über Computer und Fotosatz:
Bruno Martin und Hans Richarz Publikations-Service
Druck: Fuldaer Verlagsanstalt, Fulda

ISBN 3-921786-47-9

Alle Rechte vorbehalten.
Nachdruck, auch auszugsweise, nur mit schriftlicher Genehmigung des Verlags, außer bei Verwendung von kurzen Zitaten in Rezensionen

Inhalt

Übungsteil

Einführung

In keiner Weise möchte ich mich als Heiler darstellen, obwohl ich bisher als ein Werkzeug oder Instrument des Heilens dienen konnte. Im Laufe der vergangenen 30 Jahre war es mir vergönnt, verschiedene Methoden der Heilkunst zu studieren. Jede dieser Methoden habe ich eingehend geprüft und verfeinert, um die Möglichkeit einer wirklichen Veränderung im Menschen herbeizuführen. Damit sie zumindest einen kleinen Teil vom Sinn des Lebens auf der Erde erkennen, ist diese innere Wandlung absolut notwendig.

Eine Therapie führt nicht notwendigerweise zur Heilung, und dennoch kann sie ein wichtiger Schritt für die Entwicklung unserer Wahrnehmung sein. Wahre Heilung führt uns letztlich zu der Einsicht, daß wir nicht von der Einen Wirklichkeit abgetrennt sind – eine Erkenntnis, die uns verlorengegangen war. Heilung bedeutet »ganz zu werden«, eins mit unserem Schöpfer zu sein, so wie es am Anfang war. Damit ist das ausgedrückt, was die Bibel mit den Worten »von unseren Sünden erlöst« meint, denn eine Sünde ist in Wirklichkeit nur ein Mangel, ein Mangel an Wissen, ein Zustand des Schlafes und des Vergessens. Es wäre bedauerlich, wenn wir das ganze Leben in solch einem Zustand verbringen würden!

Ich würde gerne noch die Entstehung einer Gesundheitsfarm auf der Erde miterleben, die als lebendiges Beispiel der menschlichen Verantwortung für den Planeten und unserer Mitmenschen dienen könnte. Die Grundlage dieses Ortes müßten die drei Schlüssel sein, welche die Tür des Herzens aufschließen können: (Wieder)erkennen, (Wieder)gutmachen und (Wieder)erwecken.

Unsere Verantwortlichkeit als Heiler liegt in der Fähigkeit, die Ursache hinter der Ursache zu *erkennen*, die als Wirkung in dieser Welt erscheint. Außerdem müssen wir erkennen, wie die Energiemuster im menschlichen Körper und auf der Erde wirken, und schließlich geht es darum, den verborgenen Gott zu erkennen, der sich in jedem von uns befindet.

Die Wiedergutmachung ist die Erfüllung von allem, was uns daran gehindert hat, mit der Wahrheit in Einklang zu sein. Es ist die Auflösung der festgefahrenen Strukturen, die uns schon so lange während unseres Lebens bestimmt haben: unser Groll, unsere Mißgunst, unser Stolz und all das, was diese drei Mauern sonst noch verstellen. Das, was wir erfüllt oder wiedergutgemacht haben, kehrt zur Quelle allen Seins zurück, aber es manifestiert sich in dieser Welt zu dem gleichen Zweck, den ein Komposthaufen im Garten hat. Wenn wir nicht zulassen, daß das nicht erlöst wird, was nach Erlösung verlangt, sind wir wie jemand, der seinen organischen Abfall wegwirft und künstliche Düngemittel kauft, und sich dann über die Preise des Supermarkts beschwert! Das von uns Erlöste bildet die Grundlage für einen Garten des Wissens für unsere Kinder und Kindeskinder. Wissen kann aus der Illusion erwachsen, genauso wie aus dem Chaos wieder Ordnung entstehen kann.

Wiederauferstehung oder Wiedererwecken ist nicht ohne die Unvermeidlichkeit des Todes möglich. Es heißt, Christus sei für unsere Sünden gestorben. Es wird aber auch gesagt, daß er nie starb. Was auf jeden Fall starb, war die Vorstellung, es gäbe einen Tod, diesen kleinen Tod auf der Bühne des Lebens, in dem Theater, das wir seit unserer Empfängnis besucht haben. Es sieht so aus, als ob etwas in ein menschliches Wesen eintreten muß, um dieses Wesen und die wartende Welt umzuwandeln. Die Illusion muß weichen, so daß die unwandelbare Wahrheit bleiben kann.

Die »Gesundheitsfarm«, die ich mir wünsche, müßte ein Ort sein, wo dieser Prozeß stattfinden kann. Die Menschen, die dort hinkommen, brauchen keine Angst davor zu haben, ihr Wesen zu öffnen, noch davor, von all den Dingen befreit zu werden, die sie unnötigerweise mit sich herumtragen. Sie könnten dort den Zweck eines ›Komposthaufens‹ studieren. Sie würden erkennen, daß das Verstehen und Wiedergutmachen einen echten Dienst für dieses große Experiment darstellt, das wir ›Leben‹ nennen. Sie würden der Welt helfen, da wir alle miteinander verbunden sind, und sie würden wissen, daß es gut ist, geheilt zu werden.

Auf der »Gesundheitsfarm« würden die verschiedensten Therapeuten, Ärzte, Psychologen, Wissenschaftler und Mathematiker leben, denn ich sehe den Heiler nicht vom Ganzen abgesondert. Ich habe keineswegs das Gefühl, daß die Heiler eine exklusive oder elitäre Gruppe innerhalb der Menschheit sind. Ich neige vielmehr zu der Behauptung, daß wir alle auf unsere Weise Heiler sind. Stellen wir uns zum Beispiel die Hausfrau vor, die bewußt für ihre ganze Familie und Gäste kocht, um ihnen die Stärke zu geben, ihren Mitmenschen besser zu dienen. Oder den Modeschöpfer, der die Schönheit der Frau so unterstreicht, daß wir diese bemerken und uns daran erfreuen können. Oder der Schreiner, der mit seiner Handwerkskunst die Welt Jahrhunderte lang beeinflussen kann. Die Werke von Chippendale und anderen großen Meistern der Vergangenheit bringen uns immer noch zur Erkenntnis, daß der einzige Zweck der Liebe die reine Schönheit ist. Und dann gibt es noch die Architekten, die Steinmetze, die Komponisten und all jene Menschen, die mithelfen, die Schönheit auf der Erde zum Leben zu erwekken.

Die Geschichte wiederholt sich. Könnten wir doch die Qualität von dem erkennen, was in der Vergangenheit nützlich und gut war! Vielleicht gibt es ein ungewöhnliches und schönes Gemälde auf einem Dachboden, das dort vielleicht unter Spinnennetzen unentdeckt verrottet wäre. Durch unsere »Gesundheitsfarm« könnte möglicherweise manche Erinnerung der weit zurückliegenden Vergangenheit wiedererweckt werden. Wir würden dann auf den Dachboden rennen und erkennen, daß das Gemälde tatsächlich von großer Bedeutung ist, es aus seiner augenblicklichen Lage befreien, gegebenenfalls restaurieren und so wieder zum Leben erwecken.

Vielleicht ist diese »Farm« überall?

Das Gleichgewicht der Dinge

Solvae et Coagulae, das Lösen und Neubilden, ist eine große alchemistische Formel, die in unmittelbarer Beziehung zu wirklicher Heilung steht. Ebenso wie sich jede Zelle im menschlichen Körper innerhalb von 24 Stunden erneuert, sind auch wir im Prinzip dazu fähig, die Muster unseres Lebens jeden Tag zu erneuern oder neu entstehen zu lassen. Häufig lassen wir es nicht zu, daß diese Umwandlung stattfindet, und so retten wir die Muster der Vergangenheit in den nächsten Tag hinüber. Auf diese Weise wiederholt sich die Vergangenheit – in der äußeren Welt und auch in unserem inneren Sein.

Die meisten von uns leben in einer Welt des gewohnheitsmäßigen Denkens und haben Angst davor, die bestehenden Muster aufzulösen, weil wir ja die ›kleinere‹ Wirklichkeit, an die wir uns klammern, verlieren könnten. Dennoch liegt die Zukunft der Welt in unseren Händen. Zum heutigen historischen Zeitpunkt, da alles so schnell vorangeht, werden wir daran erinnert, unser Bestes zu tun, um aus diesen abgenützten Mustern, die uns beschränken, auszubrechen, so daß wir besser in der Lage sind, uns den Veränderungen anzupassen.

Auch wenn wir teilweise aus unseren angehäuften Erfahrungen und den Erfahrungen jener Menschen bestehen, mit denen wir zusammenleben, können wir dennoch den Schritt zum wirklichen Heilen – über das relative Denken und intellektuelle Räsonieren hinaus – machen. Eine vollständig neue Reihe von Erfahrungen können dann in uns das herstellen, was man als ganz neuen Körper bezeichnen kann, der fähig ist, willentlich das Nötige in den verschiedenen Welten, die innerhalb der bekannten Welt existieren, zu tun. Die Vorstellung von diesem Körper, der manchmal »Körper der Auferstehung« genannt wird, bestand in den esoterischen Schulen während der ganzen Geschichte. Einst wurde die Idee vor den Uneingeweihten geheim gehalten, doch heute braucht sie kein Geheimnis mehr zu sein. Sie ist für jeden zugänglich, der bereit ist mitzuhelfen, eine neue Welt zu schaffen, indem er alles benutzt, was in der Vergangenheit nützlich war, und das, was nicht mehr gebraucht wird, hinter sich läßt.

Wer kann sich nicht mehr daran erinnern, einmal im Gras gelegen zu haben und durch das Blau des Himmels hindurch in eine Fantasiewelt aus schönen Träumen geschaut zu haben? Als Kinder haben wir alle diese Sternenwelt erfahren und jene von uns, die das Glück hatten, auf dem Lande aufzuwachsen, werden sich daran erinnern, wie es sich anfühlte, in Harmonie mit der Natur zu leben. Wir betraten den Pfad der Naturgesetze, und wenn wir zu den Glücklichen gehörten, dienten unsere Tränen nur dazu, unsere Augen auszuspülen, und es waren nicht die bitteren Tränen des Kummers und des Leidens.

Geräusche fixieren Muster. Der Klang der ersten sieben Kindheitsjahre bildet eine Matrix, aus der die Erfahrungen des weiteren Lebens aufgebaut werden. Wenn uns in dieser Zeit Schocks widerfahren, können sie dauerhafte Eindrücke in uns hinterlassen. Die Schocks, die ich meine, sind nicht nur körperlich. Sie können auch sexuell, emotional oder mental sein; ebenso können unsere Wünsche und Vorstellungen verletzt werden, also unsere geistigen Kräfte. Durch Ordnung, Gleichgewicht, Harmonie und Rhythmus – im Leben mit der Natur oder im Heim – ist es für ein Kind jedoch möglich zu erfahren, was es bedeutet, geliebt zu werden.

Ich wurde in einer kleinen Ortschaft namens Hascombe in Südengland geboren. Es war einer jener paradiesischen Orte, von denen wir träumen, wenn alles im Gleichgewicht und in Ordnung ist. Das Dorf schmiegte sich an ein kleines Tal, auf dem Hügel erstreckte sich ein Buchenwald und soweit das Auge sehen konnte, waren die Straßen von scharlachroten und weißen Rhododendronbüschen eingesäumt, die im Frühling alle Leute aus der Umgebung anzogen. Auf der anderen Seite des Tales gab es Weideland, das von gepflegten Hecken umgeben war, die den Raum aufteilten, und Wege, die durch die Wälder führten. Als Kinder gingen wir dort picknicken und konnten von da auf mein Geburtshaus hinabblicken. Ursprünglich war es ein kleiner Herrensitz gewesen, der um 1705, zur Zeit Königin Annes, gebaut worden war. Später wurde er erweitert, und als ich in einem der oberen Räume geboren wurde, war es ein ziemlich großes Haus mit einem prächtigen Garten, der sich über mehrere Morgen erstreckte.

Das Dorf selbst war ein gutes Beispiel für das Heile, denn alles war so, wie es sein sollte. Das Wasser floß da, wo es fließen sollte. Alle verschiedenen Häuser mit ihren unterschiedlichen Funktionen waren durch eine unsichtbare Welt miteinander verknüpft, an der wir alle Anteil hatten. Es gab zwei Gasthäuser, einen grünen Dorfplatz mit seinem Maibaum und den Teich mit seiner Quelle, aus der ständig reines Wasser heraussprudelte und auf jene wartete, die es in ihren Eimern und Kannen forttrugen. Es war sehr harmonisch.

Jeder im Dorf wußte, was seine oder ihre Funktion war, sei es nun in der Familie oder als Teil der Gemeinde. Ich hörte nie von einem Kriminalfall. Niemand verriegelte seine Türen. Die Kirche war ehrlich und noch nicht einmal der Vikar gab etwas vor, auch wenn an manchen Sonntagen das bemalte Glas von seiner Predigt erzitterte, wenn er uns aufrüttelte, weil wir wieder einmal eingeschlafen waren!

Unsere Dorfhebamme war auch Teil der Gemeinschaft und sehr respektiert. Sie lebte alleine und war immer in Bereitschaft. Wenn sie gerade keine Babys auf die Welt brachte, konnte man sie mit ihren Ziegen bei den Dorfwiesen sehen. Sie ging gewöhnlich mit ihnen aus und verschwand bald in den Feldern und Wäldern und sammelte Kräuter, um daraus Heilkräutertees herzustellen. Der örtliche Arzt hatte auch gehörigen Respekt vor ihr, und an Weihnachten besuchten sie die Leute und gaben ihr Geschenke. Sie verließ praktisch nie das Dorf und stand jederzeit zur Verfügung, entweder um Säuglinge zu entbinden oder die alten Leute zu betreuen, die Hilfe benötigten. Ihr Lebensmuster war eines der Freundlichkeit, Ordnung und Würde und hatte eine unmittelbare Wirkung auf das ganze Dorf. Man kann sie als eine natürliche Heilerin bezeichnen.

Jedesmal, wenn ich nach England zurückkehre, besuche ich dieses kleine Dorf, um mich daran zu erinnern, daß eine lebendige Harmonie wirklich möglich ist, in einer Welt, in der wir häufig nichts anderes sehen als Gier und Chaos. Der Dichter Katzantakis macht dies mit dem Satz deutlich: »Nur wir sind die Retter eines gefangenen Gottes.« Ebenso ist es richtig zu sagen, daß wir alle potentielle Heiler sind. Wir können den Planeten da heilen, wo er verwundet wurde und wo Chaos herrscht. Wir können die Ordnung wiederherstellen, um unseren Kindern und Kindeskindern eine bessere Welt zu hinterlassen.

In vieler Hinsicht hatte ich eine glückliche Kindheit. Nicht nur die Umgebung war so vollkommen wie sie nur sein konnte, sondern durch eine Art höherer Führung schien ich auch mit Leuten zusammenzukommen, die damals einen großen Einfluß auf mein Leben hatten. Obwohl wir dies manchmal dem Zufall zuschreiben, würden Leute, Ereignisse und Umstände in unserem Leben in einem neuen Licht erscheinen, wenn wir verstehen könnten, daß wir alles, was wir für die Erfüllung unseres Lebens benötigen, zur gegebenen Zeit zur Verfügung haben.

Unser Obergärtner, der über dreißig Jahre lang für unsere Familie arbeitete, kümmerte sich gewissenhaft um die Ländereien und war für jeden ein lebendes Vorbild. Ich konnte ihm stundenlang zusehen, wie er ruhig seiner Arbeit nachging, dort etwas umgrub, hier Äste beschnitt und auch das kleinste Blatt auflas, das die Ordnung, die er geschaffen hatte, beeinträchtige. Jeden Morgen kam er mit einem Korb von frischen Früchten und Gemüse an die Küchentür. Ich weiß nicht, ob er, bevor er zu uns kam, zum Gärtner ausgebildet worden war, aber sein Wissen über die richtigen Plätze für bestimmte Pflanzen, um das Gemüse vor Käfern und Schädlingen zu schützen, war außergewöhnlich.

Die Gestaltung und die Proportionen der verschiedenen Bereiche des Gartens wurden vom Gärtner und meinen Eltern ausgearbeitet. Wenn am Wochenende Besucher kamen, wurden sie immer dazu eingeladen, vor Sonnenuntergang im Garten spazieren zu gehen, um die endlosen Kombinationen der Düfte aus dem Rosengarten, den Hecken und den verschiedenen Blumenbeeten zu genießen. Es ist wirklich erstaunlich, wie unsere Erinnerung den Duft einer schönen Rose oder eines lavendelumsäumten Pfades bewahren kann.

Der Wildhüter hatte auch einen starken Einfluß auf mich. Während der Zeit, die wir zusammen auf seinen täglichen Runden verbrachten, lehrte er mich die Eigenheiten und Gesetze der Natur und des Landes und auch den Respekt, der notwendig war, um wirklich ein Hüter zu sein. Er zeigte mir viele Dinge, unter anderem auch, wie ich mit bloßen Händen ein Kaninchen fangen konnte. Schon mit acht Jahren kannte ich beinahe jeden Quadratmeter unserer fünfhundert Morgen (ca. 200 ha) Land. Wenn die Dinge dort nicht wesentlich verändert wurden, könnte ich heute wie vor fünfzig Jahren noch jedes Kaninchenloch zeigen. Bei einer scheinbar traumatischen Erfahrung, als ich das Kaninchen töten sollte, das ich gerade gefangen hatte, geschah etwas in mir, das mir ein helles Fenster zu einer anderen Weltsicht öffnete. Es war eine Welt freifließender Muster, eine schöpferische Welt, der Urgrund. Vielleicht war es der Grad an Mitgefühl und Ehrlichkeit des Augenblicks, die dieses Fenster für mich öffneten.

Die Frau des Wildhüters, die sich Hühner und Gänse hielt, half mir auch. Sie sprach nie sehr viel, ließ mich aber dabei sein, wenn sie ihre Hühner mit all den Namen rief, die sie ihnen gegeben hatte. Jedes Huhn wurde individuell behandelt. Die Gänse wurde als Wachhunde für das ganze Anwesen trainiert, und niemand außer ihr wagte es, ihnen nahezukommen. Wenn ein Fremder zufällig auf den Felder in der Nähe ihres Häuschens umherging, kreischten sie und meckerten so laut, bis die Frau die Gänse wegscheuchte. Als kleiner Junge war ich beeindruckt von dieser Fähigkeit, mit dem Tierreich zu kommunizieren. Es war beinahe so, als ob sie deren eigene Sprache sprechen konnte, die beide verstanden und erkannten. Das war ihre Welt und durch ihr Beispiel konnte ich in die Wälder gehen und dort versuchen, mit den Vögeln zu sprechen. Ich bekam heraus, wo sie über Nacht ruhten, und einige von ihnen erlaubten mir, ziemlich nahe heranzukommen. Auch das war eine Frage des Verstehen der natürlichen Ordnung und der Volksüberlieferung.

Die Köchin war über 47 Jahre in meiner Familie, aber wehe dem, der ihr in die Quere kam – einschließlich meiner Mutter! Sie lehrte mich durch ihr Beispiel liebender Fürsorge und Sauberkeit mehr als sonst jemand, den ich je kannte. Bis heute gebe ich das Wissen, das ich von ihr empfing, an andere Leute weiter, die weniger glücklich als ich gewesen waren; es ist das Wissen umdie Bedeutung, ein makellos reines Haus zu haben. Ich werde nie den Geruch ihrer frisch gestärkten Schürze vergessen, noch die Zeit, als sie ins Zimmer kann, als meine Mutter mir gerade mit einer elfenbeinernen Haarbürste eins hintendrauf geben wollte. »Madam, hinaus!« sagte sie, und meine Mutter flüchtete.

Als sie schließlich hochbetagt in ihren achtziger Jahren starb, ging ich in ihr kleines Haus, in dem sie gelebt hatte, um ihr die letzte Ehre zu erweisen. Ihr Körper lag so ruhig und gelassen im Bett. Es gab keine Spur irgendeines Grolls, Neides oder Stolzes, diesen drei Mauern, die uns von der Wahrheit abhalten. Sie hatte ihr ganzes Leben gedient und war immer dankbar, lebendig zu sein. Wenn sie je schlechte Gedanken hatte, konnte man diese nie sehen oder spüren. Diese mußten in Mut und überwältigendes Mitgefühl umgewandelt worden sein, denn anders hatten wir sie nie erlebt. Ich erinnere mich an ihre Gegenwart, die immer noch in diesem Zimmer war. Diese schien mich zu durchdringen und mein Herz mit Dankbarkeit zu erfüllen.

Wir alle trachten danach, eine Bedeutung und einen Zweck in unserem Leben zu finden. Sehr häufig, auch wenn unsere Verhaltensmuster unerklärlich scheinen, kämpfen wir darum zu wissen, was uns dazu motiviert hat, uns so oder so zu verhalten. Es dauert recht lange, bis wir verstehen, daß alle Erfahrungen – seien sie positiv oder negativ – die größten Geschenke sind, die uns gegeben werden, um eine echte Wirklichkeit in uns heranzubilden. Tatsächlich ist das Leben der einzige Lehrer. Das Leben wird aus den Erfahrungen gebildet, die wir – so dumm wie wir zu jenem Zeitpunkt sind – als ›gute‹ oder ›schlechte‹ Erfahrungen einstufen. Doch jedesmal, wenn wir urteilen, ist es unmöglich, ein klares Bild dessen herauszuschälen, was uns die Erfahrung verständlich zu machen versucht.

Bevor ich mit acht Jahren ins Internat kam, verbrachte ich mein Leben beinahe die ganze Zeit im Freien. Ich mochte keine Kinderfeste, Eiscreme, Papierhüte, das Meer und die Strände, und da ich gewissermaßen ein Einzelkind war (meine Halb-Schwester war schon erwachsen und hatte das Haus verlassen), hatte ich alle Zeit der Welt um alles zu erforschen. Auch wenn mir manchmal nachgesagt wurde, ich sei ein Eigenbrötler und man mich schalt, weil ich nicht das mochte, was andere Kinder gern hatten, war es mir dennoch gestattet, allein zu bleiben. Ich ging zum Angeln an den See oder begleitete den Wildhüter auf seinen täglichen Gängen. Genauso wie ich alles über die Hühner und Gänse lernte, lernte ich auch die verschiedenen Vogelstimmen kennen und den besonderen Geruch der Jahreszeiten. Ich wußte sogar, wo man Nachtigallen finden konnte, jene seltenen Vögel, über die so viele Dichter geschrieben haben, und deren Lied sich anhört wie fließendes Wasser.

Jene Tage sollten jedoch nicht andauern. Wie bei vielen von uns hatten bestimmte Traumas die scheinbar nicht rückgängig zu machenden Muster entworfen, die meine zukünftigen Handlungen bestimmten. Manchmal bedarf es mehrerer Schocks, um andere Traumas zu aktivieren, die schlafend im Unterbewußtsein liegen.

Von meinem ersten starken Trauma meines Lebens erzählte man mir erst, als ich bereits erwachsen und verheiratet war und schon meinen ersten Sohn hatte. Intuitiv wußte ich schon, daß mir etwas Bestimmtes von meiner Mutter, der einzig Überlebenden aus meiner Kindheit, verschwiegen worden war. Mein Vater starb, als ich noch ein Säugling war. Zu jener Zeit nahm man an, daß Krebs eine Infektionskrankeit sei; man wußte auch nicht, daß mein Vater daran erkrankt war, bevor ich entstand. Meine Mutter war gerade im fünften Monat ihrer

Schwangerschaft, als dies bekannt wurde. Alle erstarrten vor Schreck, als sie davon hörten und überlegten sich, was sie unter diesen Umständen tun sollten.

Der Versuch, mich abzutreiben, gelang ihnen nicht. Ich tauchte mit einem Gewicht von beinahe elf Pfund in dieser Welt auf. Unglücklicherweise war mein ganzer Körper mit einem Ekzem übersät. Der Dorfarzt, ein wirklich gutwilliger Mann, schlug vor, mich täglich mit Olivenöl zu waschen, so daß kein Wasser an meinen Körper kam; außerdem sollte verhindert werden, daß meine Hände den Körper berühren konnten. Diese Umstände wurden mir erst später berichtet, und mein Geist verschloß sich der Tatsache, daß ich die ersten 18 Monate meines Lebens in einem Beutel verbrachte. Ich frage mich, welche unbewußten Motivationen aus dieser Erfahrung herrühren. Sicherlich ist irgendetwas zurückgeblieben, das alle meine zukünftigen Handlungen bestimmte und immer wiederholte: »Ich will hinaus!«

Nachdem mein Vater gestorben war, heiratete meine Mutter noch zweimal. Die erste Ehe, die sie während des zweiten Weltkriegs schloß, dauerte nicht lange. Mein Stiefvater war ein Kolonel des Zivilschutzes, der aus pensionierten oder kränklichen Leuten bestand, die nicht in den Krieg ziehen konnten. Da sie keine Gewehre sprechen lassen konnten, marschierten er und seine örtliche Brigade mit Besen bewaffnet auf dem Rasen hin und und her, mit der stillen Hoffnung, irgendwann einmal richtige Gewehre zu erhalten. Ich half ihnen gelegentlich, Baumhäuser an den kleinen Nebenwegen und Alleen zu bauen. Diese Baumhäuser waren als letzte Stellung gegen die zu erwartende deutsche Invasion gedacht. Ich glaube, man stellte sich das so vor, daß die Leute aus den Baumhäusern Handgranaten auf die anrückenden deutschen Panzer werfen sollten.

Es war eine eigenartige Zeit, besonders für einen Jungen,

dessen Leben so sehr in Harmonie mit der Natur und dem Land gewesen war. Ich ging oft auf die Hügel hinauf und beobachtete die Rauchspuren am Himmel, während die Schlacht um England tobte. Sehr häufig sahen wir die deutschen Bomber in Richtung London über uns hinwegfliegen. Da wir nur dreißig Meilen von der Stadt entfernt waren, konnten wir die Bomben hören, die in London niedergingen. Einmal ging ich morgens hinaus und fand einen deutschen Piloten im Baum hängen, der sich mit seinem Fallschirm stranguliert hatte. Ich erinnere mich, wie ich dastand, ihn eine Weile betrachtete, ihn bemitleidete und mich fragte, was seine Familie wohl denken würde.

In vieler Hinsicht sind wir das Ergebnis unserer Erfahrungen. Obwohl dieser Zeitabschnitt viele Eindrücke in mir hinterließ, waren die Schocks irgendwie doch nicht negativ gewesen. In allem war eine Art kreativer Spannung. Ich war zu jung, um das Ausmaß des Krieges zu begreifen. Dieser war Teil unseres Alltags geworden, getragen von der gleichen Stimme in jeder Nachrichtensendung, die berichtete, wer welche Schlacht gewonnen hatte oder wie viele Piloten nicht mehr zurückgekehrt waren.

Die erste Scheidung meiner Mutter schien angesichts dieser Zeiten wie jedes andere Ereignis abzulaufen. Wir mieteten ein Haus an der englischen Südküste, wo wir hinzogen, bis sich die Dinge beruhigt hatten. Kaum waren wir eine Woche da, explodierte eine Landmine in unserer Nähe und riß uns aus dem Schlaf, doch sonst war die Zeit ereignislos. Schließlich zogen wir in unser Haus in Hascombe zurück und brachten unser Leben wieder in Ordnung.

Ein paar Jahre später begann ein schwieriger Lebensabschnitt für mich. Ich war 15 Jahre alt und fühlte mich auf dem Internat sehr einsam. Meine Mutter hatte einen pensionierten Admiral wiedergetroffen und besuchte mich in der Schule, um mir ihre Heiratsabsichten mitzuteilen. Als die Schulzeit vorüber war und ich nach Hascombe zurückgekehrt war, entschied meine Mutter, das geliebte Geburtshaus zu verkaufen. Der Admiral wollte am Meer wohnen, vermutlich, um auf den Ozean hinauszublicken und seinen Träumen nachzuhängen. Ich erinnere mich noch an den entsetzlichen Schmerz, den ich fühlte, als ich davon hörte. Irgendetwas wurde in mir auseinandergerissen. Es dauerte viele Jahre, bis ich vergeben konnte; doch diese Erfahrung brachte mich auch zum Verständnis, warum wir hier auf dem Planeten Erde leben.

Ich verbrachte die verbleibenden zwölf Wochen meiner Sommerferien damit, mir jeden Baum auf dem Land zu merken und bewußt von der Vergangenheit Abschied zu nehmen. Ich wußte irgendwo innerlich, daß dieses Ereignis mich auf eine sehr lange Reise schicken würde, vielleicht weg von dem Schmerz dieses Augenblicks. Ich wußte allerdings nicht, wann oder wie dies geschehen sollte. Mir wurde klar, daß ich dieses Haus verlassen mußte. So verabschiedete ich mich von jeder einzelnen Pflanze, jedem Baum, Vogel und den anderen Geschöpfen, die ich in meinen ersten Lebensjahren erlebt hatte. Als ich schließlich mit meinen Schulsachen und Schulkleidern ins Auto stieg, bat ich meine Mutter, am Ende der Straße anzuhalten. Dort stieg ich nochmals aus und sagte meinem ersten Lebensabschnitt Adieu.

Die Suche beginnt

Wir kennen wohl alle das Gefühl, wenn sich in einem bestimmten Augenblick etwas in uns zusammenzieht. Dies kann durch einen plötzlichen Schock oder eine Angst verursacht sein oder durch ein Ereignis, das wir noch nie erlebt haben. In diesem Augenblick wird die Zeit festgehalten, und häufig haben wir das Gefühl, etwas sei uns in den Solar Plexus gestochen worden. Aus solchen Erfahrungen baut sich in uns oft Groll, Ärger, Bitterkeit und auch Leid auf. Eigentlich sollte unsere Erinnerung voll liebender Güte und Dankbarkeit sein, doch stattdessen wird sie durch unsere Urteile gefärbt. Wir werden Gefangene der Ansichten, was in dem Augenblick hätte geschehen sollen. Wenn wir nur einen ausreichenden Abstand gewinnen könnten, um zu sehen und zu verstehen, was aus dieser Erfahrung gelernt werden kann, dann könnten wir das scheinbar Negative in etwas Positives umwandeln. Wie häufig sind wir von solchen Augenblicken entfernt!

Nachdem ich ins Internat zurückgekehrt war, brauchte ich nicht lange um zu erkennen, daß durch meinen Ärger über das Verlassen unseres Hauses sich etwas in meinem Herzen verhärtet hatte. Es war so, als ob eine Jalousie vor einem Fenster heruntergelassen wurde. Meine frühere Fähigkeit, in die unsichtbare Welt zu sehen, war mir genommen und ich fühlte mich beklemmt und verärgert, erfüllt mit Angst vor der Zukunft. Paradoxerweise wäre ich nicht – hätte ich mich nicht während dieser Zeit innerlich verschlossen – auf die Suche gegangen, um wieder das zu finden, was eigentlich ein Teil von mir war. Wenn wir einmal mit unserem ganzen Sein eine innere Erfahrung der Schönheit Gottes gehabt haben, kann diese nie vergessen werden.

Die Leidenschaft der inneren Frage bestimmt unseren Kurs durch das Leben. Einer Sache können wir immer sicher sein: das ist die stetige Wandlung. Wenn wir beharrlich unserer inneren Sehnsucht folgen, daß die notwendigen Veränderungen geschehen, dann können wir gewiß sein, daß die entsprechenden Umstände auftreten und uns die Antwort geben, die wir in einem gegebenen Augenblick benötigen.

Kurz vor meinem 16. Geburtstag besuchte ein Mann unsere Schule, um einen Vortrag und eine praktische Anleitung über Hypnose und Autosuggestion zu halten. Wie die meisten Jungen in diesem Alter fand ich solche Dinge faszinierend; ich meldete mich zu diesem Vortrag an und nahm auch an seinem Unterreicht teil. Er nahm nur jene Schüler an, die vorhatten, ein Medizinstudium oder eine psychologische Ausbildung zu absolvieren. Da ich zu dieser Zeit daran arbeitete, die notwendigen Prüfungen für ein Medizinstudium abzulegen, konnte ich an der Klasse teilnehmen.

Eifrig hörte ich den Vorträgen zu, wenn uns bestimmte Prinzipien erklärt wurden; obwohl es ziemlich theoretisch war, spürte ich, daß mich etwas daran anzog. Ich fühlte eine eigenartige, jedoch angenehme Resonanz in der Gegend meines Herzens, wenn dieser Mann sprach. Erst viel später entdeckte ich, daß er auf einer hohen Ebene der Heilung eingeweiht war, und daß seine Methoden nur den Rahmen für die wirklichen Bilder abgaben, die er uns zeigen wollte.

In mancher Hinsicht geht es weniger um die genauen Heilmethoden. Wenn jemand wirklich fähig ist, anderen zu helfen, die Leiter zu höheren Stufen des Bewußtseins hinaufzusteigen, kann er oder sie eine Vielfalt verschiedener Methoden anwenden, die jedesmal genau der Mentalität des Patienten entsprechen. Heißt es nicht im Neuen Testament, daß sogar Jesus während seiner Tätigkeit nie dieselbe Heilmethode zweimal einsetzte!

Die Methode, die dieser Mann gebrauchte, war die Einfachheit selbst. Er bat uns, ein glitzerndes Objekt, das er in seiner Hand hielt, anzuschauen. Dann zählte er bis zehn. Schon nachdem er bei sechs oder sieben angelangt war, waren wir in dem richtigen Zustand, um mit ihm arbeiten zu können. Für einige Schüler, die innere Widerstände hatten, war es schwer, sich in diesem Augenblick gehen zu lassen; glücklicherweise klappte es bei mir. Ich erinnere mich, daß ich nur zwei kurze Sitzungen benötigte, um meinen Ärger und meine Bitterkeit über das Verlassen des Geburtshauses aufzugeben, und das Fenster meines Herzens war wieder einmal geöffnet.

Kurz darauf war es mir auch möglich, andere zu hypnotisieren. Ich entdeckte, daß ich vollkommen dazu fähig war, jemanden aus seinem Zustand – egal ob es sich um körperlichen oder emotionalen Schmerz handelte – heraus und in einen anderen Zustand jenseits von Raum und Zeit zu bringen. In diesem Zustand waren sie fähig, alles zu sehen, was in jedem Augenblick geschah, so als ob sie auf einem Berggipfel stünden und auf die Täler und Felder hinabschauten und die verschiedenen Menschen bei ihrem Tun beobachteten.

Ich entdeckte auch, daß viele der gleichaltrigen Jugendlichen, mit denen ich arbeitete, sogar fähig waren zu sehen, was in ihrem eigenen Leben passierte und die wechselnden Ereignisse als Projektionen ihres inneren Selbst zu erkennen. Es wurde ein interessantes Spiel, in welchem der Teilnehmer zum Regisseur wurde, und die Spieler in ihre richtigen Rollen verwies. Da ich sehr jung war, konnte ich offensichtlich noch nicht die volle Bedeutung meiner Rolle in diesem Spiel erkennen. Ich denke, daß es nur die Unschuld war, die uns alle beschützte, da wir tatsächlich keine Vorstellung davon hatten, warum wir mit diesen Methoden herumspielten, außer daß sie uns Spaß machten. Viele andere Jungen kamen in unsere »Beratungsstunden« und die Sache lief solange weiter, bis schließlich einige Eltern kamen und sich beim Schuldirektor beschwerten. Im Zustand der Angst und Aufregung rief er mich zu sich. Er war ein sehr liebevoller und weiser Mensch, und nachdem ich mich hingesetzt hatte, sprach er ganz freundlich mit mir.

»Es ist in Ordnung für dich, diese Dinge zu tun, wenn du weißt, was du tust und warum du es tust. Aber ich habe Probleme mit einigen Eltern.« Dabei lächelte er und zündete seine Pfeife an. »Eigentlich bedauere ich, diesen Mann eingeladen zu haben. Ich kannte ihn als gute und ehrenhafte Person und dachte, er könne euch für einige Dinge öffnen. Doch unter diesen Umständen halte ich es für das Beste, daß wir diese Dinge jetzt für uns behalten und wir die große Aufregung, die seitdem herrschte, abklingen lassen. Ich werde dies auch mit den anderen beteiligten Jungen besprechen. Ich weiß, ich kann dir vertrauen.«

Weil ich den Schuldirektor sehr achtete, konnte ich seinem Wunsch nachkommen. Ich war danach auch imstande, allen Leuten, auch den Erwachsenen, die zu mir kamen, um diese Phänomene zu erleben, mein Gefühl zu vermitteln, dies sei nur ein Spiel und es wäre besser, es nicht mehr fortzusetzen.

Ich kann nicht genau sagen, ob das, was danach in meinem Leben geschah, ein direktes Ergebnis dieser Zeit war, doch unzweifelhaft war während dieser Zeit etwas in mir in Bewegung geraten. Auf einer der subtilen Ebenen in mir hatte sich etwas geöffnet, was dem größeren Fluß der Lebenskraft erlaubte, alle Kanäle zu säubern, die solange in mir verstopft gewesen waren. Und diese Klärung verstärkte sogar noch den Fluß.

Schon als Kind hatte ich die Gabe der Hellsichtigkeit in die andere Welt. Ein Geschenk, für das ich ewig dankbar bin. Ich sah« eine wunderbare Welt von Mustern in der Natur, aus der unsere Welt fortwährend entsteht. Diese Matrix der Bildewelt war wie das Negativ einer Photographie. Manchmal konnte ich Beschädigungen in diesem ätherischen Gewebe sehen, die sich dann im abnormen Wachstum von Bäumen, Pflanzen und auch menschlichen Wesen spiegelten. Das war ziemlich verwirrend für mich, weil ich sehen konnte, daß sich in unserer Lebensweise etwas verändern müßte, damit die Schäden in dieser Bildewelt keine negative Auswirkung auf die sichtbare Welt haben würden. Zu dieser Zeit konnte ich nicht verstehen, warum andere Menschen nicht das sahen, was ich sah.

Nach meiner Erfahrung mit der Hypnose und deren Möglichkeit, Leute von einem Zustand in einen anderen zu versetzen, war ich erfüllt mit einer neuen Art von Energie, die in meinem ganzen Körper wie durch unsichtbare Adern floß. Manchmal hatte ich das Gefühl, diese Energiekanäle auch in anderen Menschen zu sehen. Daraus entstand in mir der Wunsch, fortzugehen und wirklich zu entdecken, was dies alles bedeutete. Das war jedoch unmöglich. Ich befand mich immer noch im Internat und mußte bis zur Beendigung meiner Schulzeit dort bleiben, also bis zu meinem 18. Lebensjahr.

Bestimmte Erfahrungen helfen uns, das zu entwickeln, was oft »der Beobachter« genannt wird. Obwohl ein Teil von uns ein Produkt unserer Erfahrungen ist, bestehen wir nicht nur aus Erfahrungen. Es ist eher so, daß die Erfahrungen selbst einen Spiegel herstellen, in den wir blicken, durch den wir uns beobachten und in dem wir uns schließlich selbst sehen können. Während jenen zwei letzten Jahren in der Schule entstanden in mir tiefschürfende Fragen, die ich mir in Bezug auf meine Zukunft stellen mußte. Ich fand heraus, daß ich doch nicht die notwendige Qualifikation hatte, um ein Medizinstudium zu beginnen. Für meine Familie und für mich war dies eine große Enttäuschung. Deshalb war ich gezwungen, einen zweijährigen Militärdienst in der Navy abzuleisten. Der Gedanke gefiel mir gar nicht, doch da es nicht zu verhindern war, entschloß ich mich, jede verfügbare freie Minute für das Studium der Heilung zu nutzen. Wie es manchmal passiert, kamen mir bestimmte Bücher in die Hände, gerade dann, wenn ich sie brauchte, und ich traf viele fähige Menschen, die mir auf meinem Weg halfen.

Das College in Eton ist eine der führenden Schulen in England, in der Jugendliche entweder für ihre Karriere als Offiziere in der Armee, Marine oder Luftwaffe vorbereitet werden; ebenso werden dort Rechtsanwälte und Ärzte ausgebildet oder die Fähigkeiten vermittelt, die notwendig sind, um die Anwesen oder die Geschäfte der Eltern zu übernehmen. Mein neu entdecktes Interesse an der Heilung wurde in dieser Umgebung von meiner Familie und den Professoren als nicht ganz »normal« angesehen. Schon bald wurde der Treuhänder der Familie zu mir geschickt, um zu vermitteln und sicher zu stellen, daß ich nach meinem Militärdienst ins Geschäftsleben einsteige. »Der ganze Hokuspokus um das Heilen mag ja ganz nett sein,« sagte er, »aber du kannst in alle möglichen Schwierigkeiten geraten. Es ist viel besser, sich nicht damit zu beschäftigen, sondern mit dem, was deine Familie in den letzten Jahren für dich vorgesehen hat.« Wieviel Schaden wird bei den Kindern durch die Erwartungen ihrer Eltern in ihnen angerichtet!

Die Gene tragen die Gedankenformen unserer Eltern und Vorfahren. In vielen Fällen besitzen die Menschen wenig eigenes Leben, sondern leben vielmehr so, wie es die Eltern von ihnen erwarten. Der Ausspruch »Erwartung ist der rote Tod« ist eine Warnung davor, daß wir die potentielle Freiheit des Kindes völlig einengen, wenn wir von ihm das erwarten, was wir selbst nicht in unserem Leben erfüllt haben. Auf diese Weise werden die Eltern möglicherweise enttäuscht und bekommen die Abwehr des Kindes zu spüren, das nur den Wunsch hat, im Lichte der Wahrheit und der Freiheit zu wachsen. Früher oder später wird das Kind anfangen zu überkompensieren, weil es die Last der Erwartungen seiner Eltern trägt. Das Endergebnis ist eine größere Wahrscheinlichkeit, daß das gleiche Chaos dann durch die Gene der zukünftigen Kinder weiterfortgeführt wird, da sie immer noch nicht von den Vergangenheitsmustern frei sind.

Meine inneren Fragen während dieser Periode lagen weit tiefer als meine Erwägungen über die Geschäfte meiner Eltern. Sie beschäftigten sich mit dem Wesen der Zeit und der tiefen inneren Bedeutung der Religion, zwar nicht in einem formalen Sinne sondern eher mit den Funktionen der verschiedenen Religionen zu verschiedenen Zeiten der Geschichte und in unterschiedlichen Teilen der Welt. Die formativen Welten, die ich erfahren konnte, waren nicht den Gesetzen voin Zeit und Raum unterworfen und genauso wirklich für mich wie die Beobachtung des Wechsels der Jahreszeiten in dieser Welt. Ich las über die Idee der ewigen Wiederkehr und verbrachte Stunden damit, in der Schulkapelle zu sitzen, die aus dem 16.Jahrhundert stammte, und versuchte zu spüren, was heute noch von den Gläubigen übriggeblieben war, die längst verstorben waren.

Zeitweise war die Anwesenheit von Christus in der Kapelle so überwältigend, daß ich zum Schulkaplan ging und ihn um Rat fragte. Ich erklärte, daß sehr häufig Tränen in mir aufkamen und jedesmal danach ein Gefühl der Befreiung in mir entstand, das ein normales Verständnis überstieg. Der Kaplan war ein freundlicher und angenehmer Mann. Er war überzeugt davon, daß meine Zukunft in der Umgebung einer Kircheninstitution liegen würde und riet mir, ein theologisches Seminar zu besuchen. Das wäre meine Lebensaufgabe, sagte er, als Dank für alles, was ich erfahren durfte. Als ich schließlich die Schule verließ, hatten wir viele Stunden zusammen in Gebet und Kontemplation verbracht. Obwohl es ein trauriger Abschied war, hatte der Kaplan richtig vermutet, daß ich mein Leben mehr außerhalb als innerhalb der Kirche verbringen würde.

Gleichzeitigkeit und der Pfad der Rückkehr

Mit dem Wachsen unseres Verstehens der Heilung geschehen unvermeidlich Ereignisse in unserem Leben, die nicht nur mit dem Begriff ›Zufall‹ erklärt werden können. Die Gesetze, welche die Synchronizität (Gleichzeitigkeit) bestimmen, sind schwer mit dem logischen Verstand zu verstehen – wenn überhaupt. Der Verstand denkt in einer Richtung von Punkt A über Punkt B nach Punkt C, während die Gleichzeitigkeit viel mit dem Pfad der Rückkehr zu tun hat, dem Pfad, den wir eingeschlagen haben, um durch die Erfahrungen des Lebens zur Quelle des Lebens selbst zurückzukehren.

Man könnte Hunderte von Geschichten erzählen, in denen die Ereignisse ohne scheinbar logischen Grund geschahen. Wir alle haben sie zu verschiedenen Zeiten in unserem Leben erfahren. Im Laufe der Jahre fand ich heraus, daß diese seltsamen Ereignisse auftreten, um uns auf unserem Weg zu führen, wenn wir wirklich in einer Frage leben. Wenn wir das Leben einfach selbstverständlich nehmen und die Dinge ihren normalen Kurs einschlagen lassen, bemerken wir vielleicht nicht, was wirklich um uns herum geschieht. Wir sehen und erfahren nur das, was wir möchten, anstatt das, was wir möglicherweise brauchen. Andererseits wird unser Leben eine völlig andere Bedeutung gewinnen, wenn wir eine Frage haben, die tief in unserem Herzen brennt. Ein Fremder, der an einer Straßenecke an uns vorbeigeht, mag vielleicht die vollständige Antwort zu dem Geheimnis in sich tragen. Wenn wir in diesem Augenblick schlafen, wird die Begebenheit absolut nichts bedeuten und wir werden eine andere Gelegenheit verlieren, die uns helfen könnte, das Puzzle unserer Lebensreise zusammenzusetzen.

In gewisser Hinsicht hat das ganze Leben in der relativen Welt mit Heilen zu tun. Mit diesem Verständnis gibt es eine neue und andere Bedeutung dessen, was wir so oft als Leiden in uns und anderen erleben. Jeder Augenblick kann eine Heilerfahrung sein, denn wir bekommen nur so viel Schmerz, als wir auch ertragen können. Alles, was uns gegeben wird, hat letztlich mit der Möglichkeit der Selbstwandlung zu tun. Alles, ob es nun bewußt oder unbewußt wahrgenommen wird, ist Teil dieses Transformationsprozesses. Wenn wir nicht wach für das große Potential sind, das wir als menschliche Wesen in uns tragen, dann bleiben wir nur Teil der organischen Evolution. Wenn wir zum Zweck unserer Lebensreise erwachen, nehmen wir Teil an der bewußten Evolution der Menschheit und der Zukunft des Planeten selbst.

Die Zeit, die ich bei der Marine verbrachte, war – nebenbei bemerkt – ereignisvoll, und die Gesetze der Gleichzeitigkeit wirkten tatsächlich sehr seltsam. Ich wurde als Navigationsoffizier eingesetzt, doch dies stellte sich später als unglückliche Wahl der Befehlshabenden heraus. Ich habe immer noch den Ruf, die einzige Person zu sein, die je es schaffte, in Friedenszeiten eine Staffel von Motor-Torpedo-Booten in ein Minenfeld zu navigieren!

So war meine Laufbahn zur See von kurzer Dauer und ich wurde zum Marine-Geheimdienst versetzt. Ohne die Marine hätte ich wohl nie gelernt, auf der Schreibmaschine zu tippen, was damals eine Pflichtübung für jene war, die fremde Signale entziffern mußten; es ist eine Fähigkeit, die heute noch für meine Arbeit großen Wert besitzt. Ich hatte auch reichlich Freizeit, was mir gute Möglichkeiten gab, mein Studium der esoterischen Heilung fortzusetzen. Je tiefer ich in die Mysterien eindrang, um so mehr erkannte ich, daß das vorhandene Material unendlich war.

Die Suche war wieder in Gang gekommen und ich gebrauchte jede freie Minute für mein Studium. Der Prophet Mohammed machte einst die berühmte Aussage: »Sucht Wissen, und sei es in China.« Und China war in jenen Tagen weit von Medina entfernt! Und daran hielt ich mich. Immer wieder hatte ich Einblicke in die »wirkliche Welt«, die ich schon als Kind kannte und die mir seit damals verschlossen gewesen war. Ich kam wieder mit Menschen zusammen, die meine Hilfe suchten – obwohl ich noch recht jung war – und es zeigte sich, daß sie imstande waren, diese Hilfe anzunehmen. Meine Hände wurden rot und heiß als ich die erkrankten Stellen an ihrem Körper berührte, und manchmal kam eine Brise kühler Luft in das Zimmer, wo ich arbeitete. Ich machte auch Gebrauch von dem, was ich in der Schule über Auto-Suggestion gelernt hatte, und paßte es intuitiv an die jeweilige Situation an.

Nach diesen Erfahrungen konnte ich es kaum erwarten, aus der Navy entlassen zu werden. Die letzten sechs Monate zogen sich hin. Zu dieser Zeit hatte meine Familie schon vorgeplant, daß ich nach meiner Militärzeit an die Börse gehen und auch in der City of London (dem Handelszentrum) arbeiten sollte; alles Dinge, die ich verabscheute. Die Börse paßte nicht in meine Vorstellungen über Heilung. Mein Anliegen war es, von wirklichem Dienst im Leben zu sein. Nachdem ich meine Uniform abgelegt hatte, arbeitete ich schließlich im Büro eines Börsenmaklersund hielt es dort nur drei Wochen aus. »Ich möchte hier heraus« war der Gedanke, der andauernd durch mein Herz und meinen Verstand lief.

Etwas zog mich weg vom üblichen Hintergrund meines Lebens. Damals, in den fünfziger Jahren, war die Jugend noch nicht sehr in Bewegung. Die großen Jugendrevolten der sechziger und siebziger Jahre lagen noch vor uns. Die wenigen unzufriedenen Jugendlichen in England nannte man die »zornigen jungen Männer«. Wir verursachten viel Aufsehen, wo immer wir uns blicken ließen, und verbrachten viel Zeit in links-intellektuellen Aktivitäten.

Bei all der Aufregung durch die rebellierende Avantgarde in dieser Zeit vergaß ich beinahe mein Hauptziel, nämlich, mich dauerhaft der Suche nach der Wahrheit zu widmen. Dann erkannte ich wieder einmal, daß es sonst nichts anderes zu tun gab. Das Schicksal zog mich weiter. Zum Verdruß meiner Familie wanderte ich in die Vereinigten Staaten aus. Damals war mir der Grund für meine Entscheidung noch nicht ganz klar.

Als wir auf New York zukamen und ich zum ersten Male die Freiheitsstatue in der Morgendämmerung sah, schien es mir, als wäre ich einer der Pioniere aus den Tagen der Mayflower und konnte es kaum erwarten, den Hafen zu erreichen. Mein Enthusiasmus hielt jedoch nicht lange an, da die Eindrücke der Stadt bald überwältigend wurden. Alles war laut, geschäftig und hektisch; ich fühlte mich weit entfernt von der Stille des englischen Landlebens. Nach ein paar Tagen fand ich die Unterkunft unerträglich und beschloß, weiterzufahren.

Ich fuhr mit dem Zug nach North Carolina. Die Eindrücke, die ich im tiefen Süden gewann, ließen alle Geschichten, die ich über die amerikanische Verwandschaft meiner Familie gehört hatte, wieder aufleben. Bishop Feild war einer der ersten Bischöfe, die nach Amerika kamen. Er war ein Nachfahre von Sir John Feild, des Hofastronomens von Königin Elizabeth I., die ihn im Jahre 1538 zum Ritter schlug. Sir John Feild war als großer Fachmann der kopernikanischen Mathematik bekannt und war ein Bekannter von John Dee, des berühmten

Okkultisten, der die esoterische Gesellschaft der »Goldenen Morgendämmerung« begründete, die heute noch existiert. Sir John Feild und John Dee arbeiteten gemeinsam die Schiffsroute um die Welt für Sir Francis Drake aus.

Meine Vorfahren hatten seit Generationen in North Carolina gelebt. Ich wollte wirklich ein Gefühl für meine Wurzeln bekommen, da nicht bekannt war, ob irgendjemand der Feild-Familie nach dem 17.Jahrhundert sich mit der inneren Reise beschäftigt hatte. Haben wir nicht alle das Verlangen, die Spur unserer Vorfahren zu finden? Wir tragen so viel Vergangenheitsmuster in uns. Um frei zu sein und als Heiler der Erde zu wirken, ist es wichtig, daß wir mit Liebe die Prägungen der unerfüllten Liebe von Generationen, die vor uns waren, herausarbeiten.

Es war ein großer Schock, als ich herausfand, daß das Anwesen der Familie heruntergekommen war. Das einst so schöne Kolonialhaus war seit Jahren vernachlässigt worden, und meine einzige lebende Verwandte war eine ältliche Cousine, deren Hauptwunsch es war, daß ich sofort eine der örtlichen Debütantinnen heiratete. Man gab Parties in Hülle und Fülle und die jungen Frauen wurden vor mir wie Frühlingsblumen aufgereiht, die ich nur noch zu pflücken brauchte.

Das war alles ziemlich ärgerlich, doch da der Humor in der Heilung eine große Rolle spielt, möchte ich folgende Geschichte erzählen. Tag und Nacht wurde ich von eifrigen Müttern aufgesucht, die wieder einen Feild in Nord-Carolina zurück haben wollten, und ich hatte kaum Gelegenheit, ihnen zu entkommen. Als letzte Ausflucht kündigte ich an, daß ich sehr gerne Angeln würde, und so stellte ich mir eine Angelrute her. Mit der Angel, einem Korken, einem langen Bindfaden, einem gebogenen Haken und einem kleinen Wurm ausgestattet, ging ich dann zum örtlichen Fischteich. Sogar dort ließ man mich nicht alleine und die Leute kamen, um diese Erscheinung zu begutachten. Ich war bereits informiert, daß es in diesem Teich keine Fische gäbe. Schließlich fragte mich einer der Dorfbewohner, warum ich meinen Haken auswerfen würde, da doch jeder, einschließlich mir, wußte, daß es darin keine Fische gäbe. Ich antwortete: »Wenn ich jedoch meinen Haken nicht auswerfe, wie kann ich dann wissen, ob es tatsächlich keinen Fisch gibt?« Meine List war insoweit erfolgreich, daß es mich aus meinen Schwierigkeiten brachte. Sie begriffen daraufhin nicht nur, daß ich nicht die Absicht hatte, eine der prächtigen südlichen Schönheiten zu heiraten, sondern sie hielten mich jetzt auch für leicht exzentrisch. Man ließ mich schließlich alleine, so daß ich die Gelegenheit hatte, nach meiner Herkunft zu forschen und zu entscheiden, was meine nächsten Schritte sein sollten.

Ich landete später in Memphis, Tennessee, wo ich mehrere Monate im Büro eines Baumwollmagnaten arbeitete. Anstelle eines Gehaltes sollte ich ein Flugticket nach Japan erhalten. Meine Reisen in Amerika schienen ihren Zweck erfüllt zu haben und ich fühlte, daß es bald Zeit für mich war, abzureisen. Entweder mochte er meinen britischen Akzent, oder meine Eignung als Sekretär war besser als ich gedacht hatte, jedenfalls erhielt ich zu meiner Überraschung nicht nur ein Ticket nach Japan, sondern ein Flugticket um die ganze Welt. Obwohl ich den Mann nie wieder sah, konnte ich durch so einen seltsamen Dreh meines Schicksals oder meiner Bestimmung und durch die Gesetze der Synchronizität meine Reise fortsetzen.

Von Memphis aus buchte ich zuerst einen Flug nach San Francisco. Dort war ich wieder einmal ein Fremder in einem fremden Land; ich trug meinen Tweed-Anzug, der eigentlich für die schottische Moorlandschaft gedacht war, und hielt nur meine Gitarre und einen riesigen Koffer in der Hand. In jenen

Tagen stellte San Francisco das Tor zur Freiheit dar, besonders für jene Menschen, die sich in einer stoischen englischen Gesellschaft nicht zurechtfanden. Die Straßenbahnen, die Musik, das Lachen und das allgegenwärtige Gefühl der Freude veranlaßten mich beinahe, dort zu bleiben.

Wir alle benötigen drei Arten der Nahrung: das Essen, die Luft und die Eindrücke. Ohne diese drei kann es kaum *wirkliches* Leben geben. Eindrücke sind notwendig und müssen bewußt gesammelt statt passiv aufgenommen werden. Keine zwei Augenblicke sind gleich, und deshalb ist ein Weg, den wir einst gingen, nie wie zuvor oder später. Nachdem ich meine ganze Zeit in dem Büro in Memphis verbracht hatte, waren die Eindrücke in San Francisco wie ein Festschmaus für mich und ich fühlte seine Heilkräfte in mir.

Die nächste Station war Hawaii. Oh, was für eine außergewöhnliche Pracht hatte es in jenen Tagen! Für einen Engländer öffnete sich der Himmel. Der Tweed-Anzug verschwand auf den Stränden von Waikiki und die Mai-Tai-Cocktails ersetzten den standesgemäßen englischen Tee. Ich fühlte mich wie einer der Seeleute von Captain Cook, als er auf Tahiti landete. Meine Suche nach der Wahrheit und mein Streben, mehr über Heilung zu lernen, um anderen Menschen helfen zu können, drängten mich plötzlich nicht mehr. Die hohen Ideale waren wie weggeblasen. Es existierte nichts mehr als eine endlose Welt sinnlicher Attraktionen.

Wenn wir uns in der Welt der Attraktionen verlieren, kommen wir leicht von unserem Weg ab, und doch ist diese Attraktion auch das, was uns weiterzieht. Wenn wir uns auf diese Reise zum Wesen der Wahrheit begeben, kann jede Erfahrung, die wir geschenkt bekommen, ein Wegweiser sein, der uns die Richtung weist. Es ist kein Makel, wenn wir ein erstes, zweites oder drittes Mal die Hinweise mißachten, doch wenn wir fortwährend ignorieren, was wir eigentlich lernen sollten, dann wird es bestimmt schwierig für uns, den Sinn der nächsten Prüfung zu verstehen. Die Wahrheit wird uns nicht auf einem silbernen Tablett serviert, sondern bildet sich in uns durch harte Arbeit und gute Beobachtung heraus.

Weil die Frage in meinem Herzen echt war, wurde ich auf der Straße zur Wahrheit weitergeführt, auch wenn es manchmal in der Art des »Paddington Bärs« geschah. Sogar in Hawaii mit all seinen Vergnügungen geschahen gewisse Ereignisse, die mich wieder zu meinen ursprünglichen Absichten aufweckten. Das Ergebnis war, daß ich meine Pläne wieder aufnahm, nach Japan zu reisen. In der Schule hatte ich über den Zen-Buddhismus gelesen, die japanische Kunst studiert und mich immer von der Heiterkeit des Landes angezogen gefühlt. Ich wußte auch intuitiv, daß es dort einen Schlüssel zu meiner Suche gab.

Unglücklicherweise hatte ich aus meiner Erfahrung in Hawaii noch nicht ausreichend gelernt, wie die Welt der Attraktionen die Abweichungen von unserem Ziel zu verursachen scheint, und deshalb geschah mir auf dem Flug nach Japan etwas Ähnliches. Ich begegnete einer wunderschönen Stewardess während des Fluges. Wir fanden beide, daß wir uns ziemlich mochten, und bevor ich das Flugzeug verließ, gab sie mir einen Zettel mit dem Namen ihres Hotels in Kyoto, wo wir uns nach drei Tagen wieder treffen sollten. Aus unerfindlichen Gründen verlor ich während meiner Erledigungen in Tokyo den Zettel. Da ich sie unbedingt wieder treffen wollte, da ich mir eine schöne Romanze versprach, versuchte ich mein Bestes, mich an den Namen des Hotels zu erinnern und nach einer Weile meinte ich, ich wüßte es wieder.

Der Zug von Tokyo nach Kyoto war sehr voll. Ich schleppte noch immer meinen enormen Koffer und meine Gitarre mit mir, hatte aber glücklicherweise leichtere Kleidung an. In Kyoto suchte ich ein Taxi und versuchte, dem Taxifahrer zu erklären, wo ich hin wollte. Er sprach kein Wort Englisch und ich kein Japanisch. Er schaute mich ziemlich entgeistert an, als ich den Wunsch äußerte, zu diesem bestimmten »Hotel« zu fahren.

Nach halsbrecherischer Fahrt verließen wir schließlich die Hauptstraße und schlängelten uns durch Nebenstraßen. Das Taxi hielt dann in einer engen Gasse vor einem Holztor an. Mit Handzeichen machte er mir klar, daß dies die Adresse sei. Er schien in großer Eile zu sein, und sobald ich ihn ausbezahlt hatte, fuhr er weg. Ich stand hier nun alleine in einer unbekannten Straße mit meiner Gitarre und meinem Koffer.

Wir kennen bestimmt das kribbelnde Gefühl einer Vorahnung von Ereignissen. Ein Schauer läuft uns über den Rücken, der von einer gewissen Angst im Solar Plexus begleitet wird. Genau dieses Gefühl hatte ich. Es war mir klar, daß dies nicht das Hotel sein konnte, das auf dem Zettel stand. Irgendwie hatte der »kleine Narr« (der Paddington Bär) in mir es wieder einmal geschafft.

Ich klopfte an die Tür. Sie wurde von drei jungen Japanerinnen geöffnet, die mit seidenen Kimonos bekleidet waren und die mich lächelnd in einen der schönsten japanischen Gärten führten, die ich je gesehen hatte. Selbst eine Photographie wäre nur ein schwaches Abbild davon. Der Sinn für Ordnung, Frieden und Harmonie nahm mir jede Angst. Ich hatte das Gefühl, wieder zu Hause in Hascombe zu sein, obwohl ich in einem anderen Land war. Hier fühlte ich eine ähnliche sinnhafte Atmosphäre. Auch ein Garten kann heilsam sein.

Die Mädchen zeigten mir an, ich solle im Eingang warten. Obwohl meine Angst angesichts der Schönheit des Gartens wegschmolz, hatte ich das Gefühl, ich sei etwas außerhalb meines Verstandes. Ich hatte keine Idee, wo ich war. Der Schock der Situation veränderte die Zeitempfindung. Die

Mädchen waren außerordentlich schön und attraktiv, doch es gab kein Anzeichen dafür, daß es hier Hotelzimmer oder irgendetwas gab, was auf ein Hotel schließen ließ. Ich erinnerte mich an das Gesicht des Taxifahrers, als er mich an der Tür absetzte. War dies ein Bordell? In welch seltsamen Umständen befand ich mich jetzt?

Ich konnte den Trakt eines langen, flachen Gebäudes erkennen, der beinahe wie ein Bestandteil des Gartens zu sein schien. Es gab keine echten Abtrennungen. Alles war in perfekter Harmonie und Schönheit. Ich saß wartend auf meinem Koffer und fühlte mich völlig außer mir. Nach einer Weile kamen die Mädchen zurück, aber dieses Mal in Begleitung eines Mönches in seinen Gewändern. Er hatte einen geschorenen Schädel und trug einen flachen Stock in seiner Hand. Er verbeugte sich tief vor mir und sprach zumindest so gut Englisch, um mir zu versichern, daß ich mich in einem Kloster befand. Es stellte sich heraus, daß dies ein zen-buddhistisches Kloster war, wo die Novizen die alte Kunst der Teezeremonie erlernten.

Die Gesetze der Synchronizität waren wieder am Werk. Ich entdeckte später, daß ich eine Silbe des Hotelnamens falsch ausgesprochen hatte. So kam es, daß ich die nächsten Wochen in einem Kloster blieb, wo ich gemeinsam mit den anderen Anwesenden still meditierte und vom Abt Anweisungen erhielt; ich lernte die Heileigenschaften der Gleichmäßigkeit und Muster kennen, die in Haus und Garten vorherrschten.

Während meines Aufenthaltes wurde es mir zunehmend klar, daß die Bedeutung des richtigen Gebrauchs von Mustern bei der Heilung häufig übersehen wird. Die Heileigenschaften der heiligen Architektur oder eines richtig angelegten Gartens können nie genug betont werden. Niemand kann unbeeinflußt aus einer gothischen Kathedrale oder z.B. der blauen Moschee in Istanbul herauskommen. Wir würden viel mehr Sorgfalt und Überlegungen beim Bau unserer Häuser, Städte und Gärten aufbringen, wenn wir wüßten, daß sogar der Schaden, der durch Schocks und emotionalen Streß verursacht wird, durch das Leben in einem wohlangelegten Garten oder Haus überwunden werden kann.

In dieser Umgebung fühlte ich mich sehr häufig in meine Kindheit zurückversetzt. Der Schmerz von dem Auszug aus meinem Geburtshaus schmolz langsam weg und die Fähigkeit der inneren Schau kam wieder. Mit diesem Talent kam auch die wachsende Erkenntnis, daß ich auf irgendeine Art ein Heilzentrum in England ins Leben rufen müsse. Ich hatte natürlich noch keine Vorstellung davon, wie das zustande kommen könnte, doch der Boden war vorbereitet. Als ich in diesem wunderschönen Klostergarten saß, hatte ich Visionen von einem Ort, wo viele Menschen hinkommen würden, wo therapeutische Arbeit für die geleistet werden, die sie brauchten, und wo Harmonie und Ordnung für diejenigen, die aus den Städten kamen, wiederhergestellt werden konnte. Es gingen noch viele Jahre vorüber, bis sich diese Vision realisierte, doch ich bin davon überzeugt, daß jene Wochen eine tiefe Wirkung auf mich hatten, und wieder einmal meine endlose Suche nach der Wahrheit erneuerten.

Die Zeit kam, um Abschied zu nehmen. An dem geplanten Abreisetag hatte der Abt eine vollständige Teezeremonie angeordnet. Trotz der Sprachschwierigkeiten und der Tatsache, daß ich nicht die Bedeutung aller Bewegungen verstand, war es eine mächtige und bewegende Erfahrung. Unser Abschied war nostalgisch. Ich kann nie die Güte und Großzügigkeit jener lieben Menschen vergessen.

Ich traf die Stewardess nicht wieder, doch alles, was ich in dem Kloster gelernt hatte, wog diese Tatsache bei weitem auf. Dort hatte ich auch die Grundlagen des bewußten Atmens gelernt. Der Abt erklärte mir immer wieder: »Du mußt dich immer daran erinnern. Man atmet nur ein, um auszuatmen.« Im Laufe der nächsten Jahre verbrachte ich viel Zeit mit verschiedenen Meditationsformen und lernte viele Techniken von unterschiedlichen Lehrern, doch ich kam immer wieder auf dieses erste Prinzip der Atmung zurück. Mit dem bewußten Gebrauch der Atmung und durch das ausgeglichene Ein- und Ausatmen wird uns eine ganz neue Welt erschlossen.

Reisen in den Osten

Es ist außerordentlich, wie gerade dann, wenn wir denken, alles geht seinen Weg und das Leben scheint leicht zu sein und schön zu fließen, etwas – offensichtlich durch Zufall – geschieht, was dieses Muster stört. Unsere Pläne werden umgeworfen und wir wundern uns, was falsch gelaufen ist und warum wir wieder neu beginnen müssen. Wenn wir jung sind, ist es schwer zu verstehen, daß unsere Erfahrungen uns mit der Nahrung versorgen, die wir für unser Wachstum benötigen. Wenn wir für diese Erfahrungen und alles, was sie mit sich bringen, dankbar sind, dann können wir voranschreiten und andere, größere Nahrungsquellen werden uns angeboten.

Die Zeit in Japan war in vieler Hinsicht heilsam, doch ich hatte noch kein wirkliches Ziel. Meine Reise auf dem Weg zur Wahrheit brachte mir viele wertvolle Erfahrungen, doch benötigte ich nun einen ›Rahmen‹, in dem ich all das, was mir zu verstehen gegeben wurde, einordnen konnte. Ohne diesen Rahmen – das war mir klar – mußte ich nach England zurückkehren und mich auf die unvermeidliche Langeweile des Lebens einlassen, auf das ich durch meine Erziehung vorbereitet worden war. Diesen Gedanken mochte ich nicht. Ich fragte mich, wie ich in eine Gesellschaft passen würde, die sich um Cocktail-Parties, Diners und Bälle drehte, die damals so in Mode waren.

Von Japan aus ging ich nach Hongkong und versuchte mich soweit zu sammeln, um die westliche Zivilisation wieder zu ertragen. Ich spielte dort im britischen Club Tennis, besuchte unzählige Parties der britischen Einwohner und innerhalb kurzer Zeit war ich total gelangweilt. Mein altes Tonband mit dem Satz »ich muß hier hinaus« spielte sehr laut in mir, und da ich genügend Geld hatte, um die ganze Sache zu vermeiden, flog ich nach Indien und dann nach Pakistan. Genau dort kam der unvermeidliche Schock. Ich bekam eine schwere amöbische Dysenterie, so daß ich nach England zurückkehren mußte und in einem Londoner Krankenhaus behandelt wurde. Weitere gesundheitliche Komplikationen führten dazu, daß ich die nächsten Jahre mehrere Krankenhäuser aufsuchen mußte. Nach einer schweren Operation hatte ich schließlich die Nase voll von der orthodoxen Medizin.

Wie so viele andere begriff ich langsam, daß die herrschende Medizin einen großen Durchbruch im Verstehen von Gesundheit und Krankheit machen könnte, wenn die Mediziner Hand in Hand mit den verschiedenen Heilern und Therapeuten in aller Welt zusammenarbeiten würden. Zu dieser Zeit beschloß ich, selbst in einem Krankenhaus zu arbeiten, um dienstbar zu sein und mehr über Leiden und Tod zu lernen. Weil meine Familie den Chef des größten Lehrhospitals in London kannte, konnte ich dort einen Job bekommen. Ich freundete mich mit vielen Ärzten an. Die Pläne meiner Familie, mich zu einem Börsenmakler, Bierbrauer oder reichen Geschäftsmann zu machen, wurden fallengelassen. Ich war jetzt mein eigener Herr und arbeitete an der Idee, eines Tages ein echtes Heilzentrum zu eröffnen, wo ich gemeinsam mit orthodoxen Medizinern und einem Team von alternativen Heilern auf jeder möglichen Ebene arbeiten könnte. Ich sah Chiropraktiker, Osteopathen, Phytotherapeuten und viele andere zusammenarbeiten. Der Traum war weitgespannt, doch vielleicht konnte er in die Wirklichkeit umgesetzt werden.

Eines Tages wurde ich nach Ajmer in Indien eingeladen, um Vorträge über esoterisches Heilen zu halten. Kurz vor meiner Abreise bekam ich starke Zweifel und eine innere Stimme riet mir, nicht nach Ajmer zu fahren. Ich ließ meine Flugtickets ändern und flog nach Karatschi in Pakistan anstatt nach Indien. Dort hatte ich vor bei einem Cousin zu wohnen, obwohl ich ihn seit meiner Kindheit nicht mehr gesehen und auch keine Ahnung hatte, wie er lebte. Der Country-Club, wo ich ihn antraf, war ein starker Kontrast zu den Armenvierteln, die in der Nähe lagen. An manchen Tagen wehte der Geruch des Leidens und des Hungers herüber, der aber von jenen, die reich genug waren, um sich vom Schmerz freizukaufen, mit wenig Mitgefühl empfangen wurde. Wenn wir »eine Bruderschaft der Menschen in der Vaterschaft Gottes« sind und nicht den Schmerz unserer Brüder und Schwestern sehen können, dann können wir schwerlich als ›menschlich‹ bezeichnet werden. Ich blieb nur eine Woche bei meinem Cousin und machte mich dann auf, in den Norden Pakistans zu reisen, geleitet von einer noch stärkeren Frage nach dem Sinn des Lebens.

Ich hatte viele Bilder der nördlichen Gebiete jenseits von Rawalpindi in der Nähe der afghanischen Grenze gesehen und von jener geheimnisvollen Gegend namens Hunzaland gehört, wo die Menschen über 100 Jahre alt wurden. Da mir klar war, daß ich am Rand einer großen Veränderung in meinem Leben stand, bereitete ich mich darauf vor, eine Weile in der Stille zu sitzen. Der Gedanke an jene schönen Berge zog mich an. In Rawalpindi mußte ich warten, weil das Wetter zu schlecht für das kleine Flugzeug war, das die unglaubliche Reise nach Gilgit antreten sollte, das beinahe 1700 m hoch in den Himalayas lag. Bald klarte es auf und wir flogen los. Die Tage mit dem riesigen Koffer, der Gitarre und dem Tweed-Anzug waren längst vorbei. Dieses Mal hatte ich einen Rucksack, warme Kleidung und einen tragbaren Kocher dabei.

Zu jener Zeit hatte die Armee die Befürchtung, daß die Chinesen durch dieses Gebiet nach Pakistan einmarschieren würden. Das führte dazu, daß die Besucher nur in den Rasthäusern der Regierung untergebracht wurden und nur im Jeep mit ausgewählten Fahrern der Regierung reisen durften. Das hatte ich nicht erwartet. Eigentlich hatte ich gehofft, alleine reisen zu können und meine Zukunft sich entfalten zu lassen. Der Flug war einer der haarsträubendsten meines Lebens. Die Tragflächen streiften beinahe die Felsen der aufragenden Bergspitzen über uns. Als das Flugzeug dann sicher landete, wurde ich ins einzige Rasthaus dieser Gegend gebracht und bekam die notwendigen Besuchspapiere ausgestellt.

Im Gästehaus ruhte ich mich für ein paar Tage aus, kochte das Essen, das ich mir mitgebracht hatte, auf meinem kleinen Kocher auf der Veranda. Das Restaurant sah nicht sehr vertrauenswürdig aus, und ich wollte nicht noch einmal das Risiko eingehen, eine Darminfektion zu bekommen, wie vor ein paar Jahren, als ich auch in Pakistan war. Außer mir hielt sich kein Besucher im Haus auf; es war ruhig und ich hatte Gelegenheit, eine Bestandsaufnahme von meinen Gedanken und Gefühlen zu machen.

Als ich mich schließlich an das Höhenklima gewöhnt hatte und ganz zur Ruhe gekommen war, ging ich zum Marktplatz des Ortes. Dort bemerkte ich einen Mann, der Stoff verkaufte. Bei uns beiden geschah ein plötzliches Wiedererkennen und er lud mich in den kleinen Laden zum Tee ein. Der Mann hatte stechende Augen, sprach fließend Englisch und war trotz seiner etwas ärmlichen Erscheinung ungewöhnlich höflich und würdevoll. Nach ein paar einleitenden Worten stellte er mir viele Fragen über mein Leben. Er wollte wissen, was ich so alleine in Gilgit wolle, wo ich sonst in Pakistan gewesen sei, usw. Es dauerte nicht lange, bis wir zur Frage meiner persönlichen Wahrheitssuche kamen und der Idee, daß wir alle leben, um auf die eine oder andere Weise zu heilen. Die

Konversation zog sich über den ganzen Tag hin. Am Abend lud er mich in sein Haus ein und schickte einen Jungen vor, um seiner Frau mitzuteilen, daß sie einen Gast zum Essen hätten.

Das kleine Haus war nur einen kurzen Spaziergang entfernt. Der Mann nahm meinen Arm und steuerte mich durch die Menschentrauben. In jenen Tagen gab es wenige Fremde, die Gilgit besuchten, und deshalb starrten mich viele Leute eindringlich an. Sie kamen sogar aus den Seitenstraßen, um dieses Schauspiel zu beobachten. Ich war froh, daß mein Freund, der Schneider, dabei war, der alle wegscheuchte, die zu nahe kamen. Wir wurden von seiner Frau und seiner ältesten Tochter begrüßt, die beide die besten Seidenkleider trugen. Ich wurde königlich behandelt und das Mahl, das sie gekocht hatten, bleibt mir bis heute noch in Erinnerung. Es gab viele Gerichte, jedes davon war fein gewürzt, doch am meisten erinnere ich mich an den Reis. Dieser war mit einer reinen Silberfolie bedeckt, die so dünn wie Reispapier war. »Wenn ich früher darauf vorbereitet gewesen wäre, hätte ich eine Goldfolie benutzt,« sagte die Frau mit einem Lächeln, und wies mich darauf hin, daß die Folie mit dem Reis zusammen gegessen werden sollte.

Im Laufe des Essens wurden mehr Fragen gestellt, und beim Tee, nachdem die Frauen den Raum verlassen hatten, sprachen wir wieder. Wie immer im Mittleren Osten, wenn Leute aus dem Westen die Frage nach dem inneren Weg anrühren, kommt das Gespräch auf den Sufismus. Das Sufitum ist der esoterische Kern des Islam und etwas, das ich schon sehr intensiv in London studiert hatte. In allen orthodoxen religiösen Ländern werden diese Dinge selten offen besprochen. Ich hatte schon geahnt, daß dieser demütige Mann mehr darüber wußte, als er bei unserem ersten Treffen eingestand. Es bedarf nur eines guten Köders, um einen hungrigen Fisch zu fangen, und am nächsten Tag war ich wieder in seinem Laden!

An diesem Tag war der Schneider sehr beschäftigt, doch er hatte veranlaßt, daß ich einen Freund von ihm treffen sollte. Bevor ich ihn verließ, bestand er darauf, bei mir Maß zu nehmen, weil er mir ein Geschenk machen wollte, wenn ich am nächsten Morgen zurückkehrte. Der besagte Freund war ein Teppichverkäufer in einer anderen Straße. Nach einigen Tassen Tee kam wieder eine ähnliche Situation auf und mehr Fragen wurden gestellt. Weil er nicht so gut Englisch sprach, waren die Fragen dieses Mal schwerer zu beantworten. Er erklärte mir, daß er mit seinem Freund, dem Schneider gesprochen habe, der ihm von meinem Interesse an der Heilkunst erzählt habe. Dann erwähnte er einen Freund, der weiter im Norden lebte, und in diesen Dingen Bescheid wüßte; wenn ich in diese Richtung reisen würde, könnte ich ihm begegnen. Da es keine Adresse gab, zeichnete er mir eine grobe Karte auf und erklärte, daß es weiter oben ein Regierungsgasthaus am Fuße des Nanga Parbat, des ›Nackten Berges‹ gab, ungefähr 2500 m höher als Gilgit.

Am nächsten Morgen besuchte ich wieder den Schneider in seinem Laden. »Ich bin so geehrt, daß du gekommen bist,« sagte er, und dann brachte er aus dem Hinterzimmer eine prächtige wollene Robe. »Diese wird dich warm halten,« sagte er lächelnd. »Ich hätte sie auch noch gefüttert, doch leider hatte ich nicht genügend Futtermaterial; so habe ich das wenige, das ich hatte, ich in die Ärmel eingearbeitet. Bitte nimm es und erinnere dich an uns, wenn du hoch oben in den Bergen bist. Ich habe von deinen Plänen gehört und dir einen Regierungsfahrer besorgt, der dich morgen früh abholt. Du mußt etwas Nahrung mitnehmen, die dir ungefähr eine Woche reicht, denn der Fahrer wird nicht bleiben. Möge Allah dich sicher auf deiner Reise führen.«

Oft wird uns gesagt, wir sollen vertrauen, aber selten wird uns vermittelt, daß Vertrauen von einer derart hohen Qualität ist, daß es nicht das Vertrauen in ein menschliches Wesen bedeutet oder in gewisse Umstände, sondern vielmehr ein Zustand des Vertrauens ist, der als solcher das zuläßt, was in der relativen Welt geschehen muß. In einem Zustand des Vertrauens zu leben, bringt ein Verstehen der Synchronizität.

Mit mehr Glück als Verstand fand ich den Heiler. Mit der groben Karte, die mir der Teppichhändler aufgezeichnet hatte, konnte der Jeep-Fahrer wenig anfangen; leider sprach er auch kein Englisch. Nachdem wir eine kurze Zeit gefahren waren, wurde aus der Straße ein Feldweg, der kaum breit genug für den Jeep war. Auf den Feldern arbeiteten einige Leute, doch sonst war nichts zu sehen als die Bergmassen, die in den Himmel ragten.

Auf halber Strecke sah ich einen Mann vor uns auf der Straße. Er hatte langes, schwarzes Haar, was in diesem Teil der Welt sehr ungewöhnlich war, und er erregte meine Aufmerksamkeit. Er trug ein Gewand, das meinem ähnlich war, das ich mit den anderen Kleidern sorgfältig eingepackt hatte. Hinter ihm ging ein Junge, der ungefähr vierzehn Jahre alt war, unt trug ein Bündel Wacholderzweige in den Armen. Wie ich später herausfand, ist Wacholdertee ein ausgezeichnetes Stärkungsmittel, besonders für Frauen. Wenn man Wacholder als Anmachholz morgens im Feuer oder Kamin verwendet, hat es auch die Eigenschaft, den Raum von Gedankenresten des Vortages zu reinigen.

Ich bat den Fahrer anzuhalten, stieg aus und ging auf den Mann zu. Er war etwas mißtrauisch, und da ich die Sprache dieser Gegend nicht kannte und er kein Wort Englisch, war ich überrascht, als er mich plötzlich aufforderte, den kleinen Pfad mit ihm hinunterzugehen. Der Fahrer lehnte es ab, weiterzufahren und blieb in seinem Jeep.

Wir gingen im Gänsemarsch. Nach einer Kurve kamen wir zu einer kleinen Hütte. Auf einem Vorplatz saß eine Gruppe von ungefähr fünfzehn Personen auf Felsen und dem Boden. Sofort standen alle auf und grüßten diesen seltsamen Mann und den Jungen. Anfänglich beachteten sie mich nicht, doch nach einer Weile akzeptierten sie mich in ihrem Kreis. Es wurde ein Feuer gemacht. Der Mann ging in die Hütte und kam erst wieder heraus, nachdem der Junge die Wacholderzweige auf das Feuer gelegt hatte. Die Leute sangen und der Mann kniete sich hin, beugte sich vor, fing den Rauch mit seinen Händen auf und inhalierte ihn tief. Nach einer Weile stand er wieder auf und nahm einen Stock in die Hand. Nach und nach gingen die Leute zu ihm hin. Jedesmal zeichnete er ein Muster in den Sand vor seinen Füßen. Dann stellte er für jeden einzelnen ein Glas mit Wasser in die Zeichnung, sagte einige Gebete und gab das Wasser der jeweiligen Person zu trinken.

Es war augenscheinlich, daß all diese Leute irgendein Gebrechen hatten und er der örtliche Heiler war. Später hörte ich, daß die Leute zum Teil von weit her angereist kamen; ich erkannte auch, daß er in eine andere Welt, nämlich die Bildewelt, sehen konnte, wenn er den Wacholderrauch einatmete und so die unterschiedlichsten Krankheiten diagnostizierte. Die Wirkung des Musters, das er in den Sand gezeichnet hatte, ging wiederum in das Wasser über, das dadurch zum Heilmittel für die kranke Person wurde.

Viele Heiler benutzen ähnliche Methoden wie dieser Mann in Pakistan, um die Ursachen einer Krankheit zu diagnostizieren, die sich in der relativen Welt manifestiert hat. Einmal sah ich in der Türkei einen Mann, der geschmolzenes Blei benutzte. Er schmolz das Blei in einer Pfanne über dem Feuer, während er die Hand des Patienten hielt, und leerte dann den

Inhalt der Pfanne in eine Schüssel mit Wasser. Das kalte Wasser ließ das Blei in einer bestimmten Form erstarren. Danach nahm er das Blei heraus und erklärte mit Hilfe des Musters, an welchen Gebrechen dieser Patient litt. Diese frühen Erfahrungen führten mich immer mehr dazu, das Wesen eines Musters zu studieren, und sie waren für mich von unschätzbarem Wert, ein Verständnis dafür zu gewinnen, wie die formbildende Welt zu interpretieren sei. Es gibt so viele Welten innerhalb der Welten.

Ich verabschiedete mich von dieser Versammlung und fand den Jeep-Fahrer wieder, der immer noch an der Straße stand und auf mich wartete. Wir fuhren weiter den Feldweg hoch, bis wir schließlich in ein Gebiet kamen, wo es eine Weide gab. Dort endete der Weg und genau hinter einigen Pinien stand das Rasthaus. Es sah so aus, als ob es dort schon ewig stand. Wahrscheinlich war es eine Berghütte für Bergsteiger gewesen, bevor die politischen Wirren nach dem Krieg aufgetreten waren.

Mein Fahrer schaffte es, mir zu erklären, daß er in sieben Tagen zurückkommen würde und half mir aus dem Jeep mit meinem tragbaren Kocher und dem Rucksack. Ohne sich noch einmal umzudrehen ging er zum Jeep und fuhr schnell den Weg zurück. Es war spät am Nachmittag und die Gletscher über mir wurden gerade von der untergehenden Sonne in eine rosa Farbe getaucht. Ich blieb eine Weile stehen und genoß die Wunder dieser Berge und versuchte, mich an die dünne Luft hier oben zu akklimatisieren. Ich war hier ungefähr viertausend Meter hoch und konnte kaum atmen. Als ich mich nach der langen Fahrt wieder gesammelt hatte, wurde mir bewußt, daß ich nicht der einzige hier war. Da die Sonne noch nicht ganz untergegangen war und deshalb noch kein Licht in der Hütte brannte, konnte ich spüren, daß jemand drinnen war. Ich klopfte an die Tür, hörte Geräusche von innen und dann öffnete mir eine Frau und ihr Mann, die beide schottische Missionare waren und die, wie es sich später herausstellte, während ihrer Ferien die Vögel beobachten wollten. – Es war eine recht ungewöhnliche Situation hier oben in den Himalayas! »Möchten Sie eine Tasse Tee?« fragte die Frau, als ob dies völlig normal sei.

Wir unterhielten uns bis es Zeit war, die Lampen anzuzünden. Plötzlich klopfte es an die Tür. »Wer kann das jetzt noch sein?« fragte die Frau in ihrem gedehnten schottischen Akzent. Die Tür öffnete sich und herein kam ein wild aussehender Mann mit einem riesigen Rucksack und einem Eispickel. »Mein Name ist Hans,« sagte er. »Geht es in Ordnung, wenn ich heute Nacht hier bleibe?« Es stellte sich heraus, daß Hans ein berufsmäßiger Bergsteiger deutscher Herkunft war, der auch an einer der Everest-Expeditionen teilgenommen hatte. Er war gerade über die afghanischen Grenzgebirge geklettert, was damals völlig illegal war, und bereitete sich vor, den hohen Berg, der sich vor uns auftürmte und jetzt silbern im Mondschein glänzte, zu besteigen.

Wir erzählten uns bis spät in die Nacht Geschichten, doch am frühen Morgen waren wir alle auf, um den Sonnenaufgang zu betrachten. Unmittelbar nach dem Frühstück, als uns das schottische Ehepaar erzählte, was sie an diesem Tage vorhätten, fragte mich Hans, ob ich mit ihm bergsteigen gehen wolle. Aus unerfindlichen Gründe stimmte ich zu. Die Absurdität dabei war, daß ich Höhenangst hatte, keine wirklich passenden Kleider oder Bergsteigerschuhe besaß, und auch die Tatsache, daß er beabsichtigte, mich auf einen Gletscher zu führen, der ungefähr fünftausend Meter hoch war, wo die Luft noch dünner ist!

Wir stiegen steile, mit Geröll und Schiefer bedeckte Pfade hoch. Der Boden war rutschig und gefährlich, da ich keine passenden Stiefel anhatte, und doch marschierte ich trotz meiner

Angst weiter. An einem Punkt verlor ich völlig die Nerven und konnte weder vorwärts noch rückwärts gehen. Ich rief um Hilfe. Hans, der zwar körperlich stark, aber nicht sehr groß war, gelang es, mich die Böschung hinaufzuziehen. Bald erreichten wir den Gletscher. Es war eine der schönsten Aussichten, die ich je genossen hatte; links von uns jenseits des Tales ragte der Nanga Parbat auf. Wir konnten gerade noch das Rasthaus sehen, das tausend Meter tiefer lag. Während unserer Rast erzählte mir Hans bei einem Glas Wasser von einigen seiner Bergsteige-Abenteuern. Inzwischen litt ich an Höhenkrankheit und Schneeblindheit und war etwas ängstlich darüber, was ich tun solle. Plötzlich stand Hans auf und machte mir klar, daß er weiter gehen werde, um sein Basislager vor dem Aufstieg einzurichten. Ich solle alleine zum Rasthaus zurückkehren. Das machte mich sprachlos und ich war völlig verängstigt, doch blieb mir in dieser Situation nichts anderes übrig. Wir gaben uns die Hände und verabschiedeten uns. Widerstrebend beobachtete ich seine schmale Gestalt den Gletscher hinaufsteigen, bis ich ihn nicht mehr sehen konnte.

Ich rief meine vergangenen Erfahrungen und Wissen in die Erinnerung, schloß meine Augen und atmete tief ein, um mich innerlich zu beruhigen. Nach kurzer Zeit breitete sich plötzlich wie auf einem Fernsehbildschirm eine Vision vor mir aus. Ich sah eine alte, zerfallene Farm in England, die ich nie zuvor gesehen hatte, mit einem kleinen Fluß, der durch das Tal führte und genau an dem Haupthaus vorbeifloß. Das Bild änderte sich abrupt; die Farm war in ein Heil- und Lehrzentrum verwandelt. Ich sah Menschen mit leuchtenden Augen, die fröhlich im Garten arbeiteten. Eine wunderbare Stimmung von heiterem Frieden durchdrang alles und ich erinnerte mich an das, was ich in dem wunderschönen Garten in dem japanischen Kloster gefühlt hatte.

Als ich meine Augen wieder öffnete, war ich erfüllt von einem Gefühl des Wunderbaren und der Herrlichkeit. Ohne Zögern und Angst, die wie weggeblasen war, begann ich den Berg hinabzusteigen. Ich kehrte zum Haus zurück, um auf den Fahrer zu warten, der in sechs Tagen zurückkehren wollte und meditierte darüber, was ich zuvor gesehen hatte. Hans traf ich nie wieder. Die schottischen Vogelkundler kamen bald zurück und blieben noch zwei Tage.

Während dieser Woche wurde mir deutlich, was ich jetzt zu tun hatte. Die Farm war irgendwo in England und ich hatte das eigenartige Gefühl, daß ich genau wußte, wo ich suchen sollte, auch wenn ich zuvor noch nie in diesem Teil Englands gewesen war. Wenn meine Intuition richtig war, würde ich sie irgendwie zu dem Heilzentrum verwandeln, das ich auf dem Gletscher gesehen hatte, dort oben in Nordpakistan. Bevor ich den Ort verließ, schwor ich mir, daß ich alles unternehmen würde, um diese Farm zu finden. Ich hatte zu dieser Zeit keine andere Wahl mehr.

Die Farm

»Halte dir deine Absicht bei jedem Schritt, den du tust, vor Augen. Dein Ziel ist die Freiheit, das solltest du nie vergessen,« sagt ein bedeutender Aphorismus aus der Sufi-Tradition. Und doch, was ist diese ›Freiheit‹, an die wir uns erinnern sollen? Selten wird uns alles gelehrt, was dieses Wort impliziert. Wir können Freiheit von etwas haben. Wir können die Freiheit besitzen, uns auf unser Ziel hin zu bewegen, wenn wir bereits frei von den Zwängen sind, die uns so lange bestimmt haben. Wir können auch die Freiheit im Wissen erlangen, daß es diese Freiheit ist, nach der wir uns sehnen, nicht nur für uns selbst, sondern auch für unsere Kinder und Kindeskinder.

Ich brachte meine Vision von der Farm mit nach London zurück, mit dem eigenartig dringlichen Gefühl, sie mit anderen zu teilen. Nachdem ich ausgepackt hatte, telefonierte ich mit Freunden, mit denen ich mehrere Jahre regelmäßig zusammen meditiert hatte, und wir beschlossen, uns sofort zu treffen. Da wir in der Vergangenheit häufig über ein Zentrum gesprochen hatten, waren sie sehr an meiner Vision auf dem Gletscher interessiert. Vielleicht waren wir gerade im Begriff dazu, unsere Träume in Erfüllung gehen zu sehen.

Es ist so leicht, unsere ursprünglichen Absichten zu vergessen und von etwas abgelenkt zu werden, das wir überhaupt nicht vorhatten. Glücklicherweise erinnerten sich meine Freunde und ich an die Eigenschaften, die notwendig waren, das Unternehmen durchzuführen, das wir uns gesetzt hatten. Wir brauchen Vertrauen, Mut, Rhythmus, Beharrlichkeit, Glauben und auch Respekt, in dem Wissen, daß »kein

Mensch eine Insel ist« wie John Denne es einmal sagte.

Die Leute der Meditationsgruppe kamen aus allen Bevölkerungsschichten und hatten verschiedene Berufe. Einer der Männer, ein Antiquitätenhändler, lebte auf dem Land und mein innerer Sinn sagte mir, falls diese Farm wirklich existierte, müßte sie in seiner Nähe liegen. Wir nahmen eine Karte von diesem Gebiet, schrieben auf, wo Bauernhöfe eingezeichnet waren und beschlossen, jede verfügbare Zeit damit zu nutzen, herumzufahren, um nach dem zu suchen, was meiner Vorstellung nahekam. Wir fragten in den Dorfkneipen, ob die örtlichen Farmer einen solchen Ort kannten, fragten in den Postämtern und stellten Nachforschungen in den Polizeistationen an. Eine Zeit lang gab es keine Hinweise. Vielleicht war meine Vision bloß auf die Schneeblindheit zurückzuführen.

Eines Tages erhielt ich einen Anruf von meinem Freund, dem Antiquitätenhändler. »Ich denke, ich habe sie gefunden,« sagte er. »Die Farm liegt ungefähr zehn Meilen von meinem Haus entfernt.« Er fuhr damit fort, sie zu beschreiben und so ziemlich alles schien in die grobe Beschreibung zu passen, die ich für sie gemacht hatte. Ich sagte ihm, daß ich sofort von London aus zu ihm in sein Haus kommen wolle. Nachdem ich einen anderen Freund abgeholt hatte, fuhren wir los. Ich glaube, ich zitterte innerlich vor Erwartung.

Und es war genau die richtige Farm! Es gab absolut keinen Zweifel. Das Haupthaus war da, die Ställe und sogar der kleine Fluß, der durch das Tal floß. Es war schöner als ich es mir vorgestellt hatte, trotz des zerfallenen Zustandes, in dem das Ganze war. Einige der alten Dächer waren eingefallen, das Innere des Hauses war feucht und es gab viele Löcher. Der Fluß war durch Äste gestaut, und wenn es einmal einen Garten gegeben hatte, konnte man ihn nicht mehr erkennen. Obwohl alles total von Gras und Unkraut überwuchert war, gab es nur wenig Vögel; alles was ich hier sehen konnte, war eine Möglichkeit. Beim inspizieren jeder Ecke und jedes Winkels konnte ich mir schon die Leute vorstellen, die über den Eingangsweg an den Gärten vorbeigingen, und ich konnte bereits die Kinder lachen und spielen hören.

Der Makler informierte uns, daß die Farm seit viereinhalb Jahren leer stand. Ursprünglich war das Farmhaus für eine größere Landwirtschaft mit großen Ländereien gedacht; doch da sich verschiedene örtliche Bauern zu einer Genossenschaft zusammengeschlossen hatten, konnten sie die Gebäude nicht mehr gebrauchen. Bei Gott, warum hatte in der Zwischenzeit niemand den Hof gekauft? Das blieb immer ein Geheimnis. Es sah so aus, als ob durch einen seltsamen Akt des Schicksals der Hof auf den Augenblick gewartet hatte, bis wir ihn kaufen konnten. Wir legten alle unsere Finanzen zusammen und fragten uns, worauf wir uns wohl einlassen würden.

Es war auch kein Zufall, daß ich in einem der folgenden Jahre, als die zerfallenen Gebäude wieder aufgebaut wurden, den Mann traf, der mein spiritueller Lehrer werden sollte (siehe das Buch: »Ich ging den Weg des Derwisch«). Man sagt, wenn der Schüler vorbereitet ist, erscheint der Meister. Ich bin völlig davon überzeugt, daß nur durch die Widmung für ein Leben des bewußten Dienstes für die Zukunft der Menschheit und natürlich des Planeten selbst wir der richtigen Person begegnen, die die erforderliche Umwandlung in unserem Leben bewirken kann.

Die Farm wurde ein Heilzentrum. Aus aller Welt kamen Menschen um mitzuhelfen, diesen Ort aufzubauen, der eine objektive Hoffnung bot. Wir fingen damit an, das große Haus zuerst zu renovieren, deckten das Dach neu und machten es für die Besucher bewohnbar, damit sie auf den Matratzen am Boden schlafen konnten. Für alle gab es nur ein Badezimmer. Die Küche war winzig, und wären die Besucher nicht so arbeitswillig gewesen, wäre es nie möglich geworden. Aber so wie die Lage war, nahmen sich die Leute zusammen und arbeiteten von Sonnenaufgang bis Sonnenuntergang unter extrem schwierigen Bedingungen. Es dauerte nicht lange und wir konnten auch die Ställe ausbauen, um Raum für Schlafräume zu schaffen, da das Haupthaus schon zu eng wurde.

Heilung geschieht auf mehreren Ebenen. Auch wenn einige Leute das Gefühl gehabt haben, das Zentrum könne keine Gäste empfangen und seine beabsichtigte Funktion nicht erfüllen, solange es nicht völlig renoviert wäre, war es doch tatsächlich so, daß der Bau am Zentrum und die Kurse, die zu dieser Zeit abgehalten wurden, Gleichgewicht und Harmonie möglich machten. Jeder Einzelne hat eine Funktion. Körperliche Arbeit für alle Altersgruppen war reichlich vorhanden, es gab Studiengruppen und Meditationsperioden. Alles wirkte zusammen, um ein Gleichgewicht der körperlichen, mentalen und geistigen Teile des Wesens zu erzielen.

Die Farm wuchs in unserer Vorstellung andauernd. Im ersten Jahr wurde ein kleiner Garten angelegt, der später so weit ausgedehnt wurde, daß er ausreichend Gemüse für die ganze Gemeinschaft erzeugte. An jedem Wochenende strömten viele Besucher durch die Tore, manche von ihnen blieben für sechs Monate da. Im zweiten Jahr bauten wir ein großes Stallgebäude aus, schufen auf diese Weise Einzel- und Doppelzimmer und schafften es schließlich auch, neun Badezimmer und Duschen einzurichten. In diesem zweiten Jahr errichteten wir auch einen riesigen Dom innerhalb einer kreuzförmigen Scheune aus dem 16.Jahrhundert. Dieser war wie die Perle in einer Auster; der Dom wurde von neun riesigen Eichenpfeilern gehalten, die wir alle mit Sandpapier und Wachs behandelten. Jeder der Pfeiler hatte neun Seiten.

In jenen Jahren waren die Leute wirklich glücklich und eine große Anzahl von ihnen erhielt die Heilung, die sie benötigten.

Auch das Land selbst wurde geheilt. Der Fluß wurde gereinigt, so daß er wieder frei fließen konnte. Wir pflanzten einen Obstgarten mit vierhundert Apfel- und Birnbäumen und die Vögel kehrten wieder zurück. Auch das Geld kam herein, wenn wir es brauchten, und kamen gut zurecht, auch wenn wir nie wohlhabend waren. Wenn unser Ziel klar ist und wir eine Frage im Herzen halten, dann sind wir die Schüler des Augenblicks und die Dinge finden auf seltsame Weise ihren Platz.

Im Lichte der Synchronizität kann man annehmen, daß es keine Überraschung für uns war zu entdecken, daß die Farm aus dem 16.Jahrhundert über ein noch älteres Gebäude aufgebaut worden war. Als wir mit unseren Restaurierungsplänen begannen, mußten wir an vielen Stellen sehr tief in die Erde graben. An einer Stelle gruben wir fünf Meter tief und die Steinmauer ging immer weiter. Dort waren die Steine viel dünner geschnitten. Durch diese Methode war es uns möglich zu erkennen, daß das ursprüngliche Gebäude um das neunte oder zehnte Jahrhundert gebaut worden war. Wir schlußfolgerten – was sich später durch Nachforschungen bestätigte – daß die Farm auf ein früheres Kloster gebaut worden war, das wie einige Hunderte andere im 16.Jahrhundert zerstört worden war.

Aus vielen Gründen studierte ich seit Jahren das Wesen der heiligen Orte auf dem Planeten und bestimmter besonderer Orte, die immer als Ziele einer Pilgerreise gedient hatten, sogar lange bevor das Christentum England erreichte. Auf diese Plätze wurden Kirchen gebaut und es scheint – wie mir meine Forschungen zeigten – daß es im Land selbst eine Art Anziehung für Heilkräfte gab. Während meiner Arbeit hatte ich viele derartige Orte in aller Welt besucht und ihre Bedeutung erkannt. Es konnte kein reiner Zufall sein, daß die kreuzförmige Scheune auf einem dieser heilsamen Zentren gebaut worden war.

Im Dom innerhalb der Scheune führten wir heilige Bewegungen aus, an der gleichen Stelle, die Hunderte von Jahren zum selben Zwecke genutzt wurde. Dort zu meditieren war heilsam, und viele Menschen kamen von weit her, um diesen Ort zu besuchen und in der Stille zu meditieren. In der Tat, das Land selbst ist ein großer Heiler, wenn wir wissen, wohin wir gehen können. Wenn der Siegel der alten Weisheit uns jetzt geöffnet wird, werden wir den genauen Ort wissen, auf dem wir bauen sollen zum Segen unserer Kinder und Kindeskinder.

Wir sahen unseren Traum bis zur Vollendung. Auch wenn die Zeiten sich änderten, und die Notwendigkeit für eine bestimmte Art der Arbeit an der Transformation nicht mehr in dem Maße vorhanden war, blieb die Schönheit des Landes als ein Testament der Liebe und der Bemühung aus jenen Zeiten. Schließlich wurde die Farm verkauft und besteht heute nach kleinen Veränderungen aus einer Reihe von Landhäusern und Wohnungen für Leute aus den Städten, die hierher kommen, um die ruhige Wohltat dieses wunderschönen Ortes zu empfangen. Einige der Leute, die an der Farm beteiligt gewesen waren, hatten das Gefühl, daß das Zentrum, weil es nicht mehr – wie ursprünglich vorgesehen – weiterexistierte, ein Fehlschlag gewesen sei. Es ist jedoch immer wichtig, sich den Zeiten anzupassen, um zu entdecken, was die beste Art des Dienens sei. Die Farm gibt heute genau das, was notwendig ist.

Das Werk der Transformation geht immer dahin, wo es gebraucht wird und erscheint immer auf eine andere Weise. Häufig wird es verkleidet, so daß sich keine bestimmte Form einschleicht, die den Fluß des Augenblicks in blinde Konzepte einschließt, die zumeist auf irgendeiner Nostalgie basieren. Aus dem Wissen, das während jener wundervollen Tage auf der Farm gewonnen wurde, konnten viele andere Zentren in England, Schottland, Kanada, Mexiko und den Vereinigten Staaten begonnen werden. Für jene Menschen, die ihr Leben einem Leben des Dienstes gewidmet haben, ist die ›Frage‹ immer noch lebendig und für sie hört der ›Pfad der Rückkehr‹ nie auf.

Eine Einführung in den Schock

Wenn wir fähig sind, unser Leben dem bewußten Dienst zu widmen, wird uns alles gegeben, was wir benötigen, damit die Transformation unserer Mitmenschen, des Planeten und auch von uns selbst geschehen kann. Die Hingabe an unsere innere Frage bestimmt den Kurs durch das Leben, und wenn wir die Frage lebendig und unsere Absichten klar halten können, dann ist es durch unser Vertrauen und die Gesetze der Synchronizität möglich, den Zweck unseres Lebens auf der Erde zu entdecken.

Indem ich mein eigenes Leben als einen Rahmen des Verstehens benutzt habe, war es meine Absicht zu illustrieren, wie diese Ideen bei der Reise eines Menschen zur Wahrheit ins Spiel kamen. Genauso wie keine zwei Erfahrungen sich gleichen, wird die Suche für jeden von uns verschieden sein. Ich habe gezeigt, wie die Welt der Attraktionen uns von unserem Ziel abbringen kann und wie wir die Muster der Vergangenheit mitschleppen, nicht nur diejenigen unserer Vorfahren, sondern auch von jenen, die aus einer ›Verspannung des Augenblicks‹ resultieren. Die verbleibenden Kapitel sind eine Zusammenfassung des Wissens, das mir durch meine Erfahrungen in Bezug zur Heilung geschenkt wurde. Sie sind eine Fortsetzung des Themas, daß wir alle Leben um zu heilen, in der Erkenntnis, daß der einzige Zweck der Liebe die Schönheit ist.

Auch wenn die Aussage wahr ist, daß Ideen eine Veränderung bewirken können, bleiben Ideen in der Bildewelt in einem embryonalen Zustand, bis wir sie auf der Erde in die Tat umsetzen. Wir sind die Träger, durch welche die göttliche Ordnung hervorgebracht werden kann, doch wir müssen dieses multidimensionale Medium, das man menschliches Wesen nennt, in Einklang mit den universalen Gesetzen bringen.

Eines der wichtigsten Prinzipien bei der Heilung, das sich aus allen meinen Erfahrungen herauskristallisiert hat, ist die Idee, daß der Schock ein bestimmtes Muster hat. Der Schock kann auf verschiedenen Ebenen auftreten. Wenn wir das Wesen des Schocks verstehen, werden wir wertvolle Einsichten in die Ursachen des Leidens gewinnen und erkennen, wie Verhaltensmuster – körperliche und psychologische – sich in unserem täglichen Leben ausdrücken.

Meine erste Einweihung in das Muster des Schocks geschah, als ich sehr jung war. Wir besaßen damals einen Windhund, den wir bei Meisterschaftsrennen einsetzten, und zu bestimmten Jahreszeiten mußten wir ihn schonen. Als er noch klein war, wurde er von einer Natter in die Nase gebissen und fiel in ein Koma, das fast eine Woche andauerte. Nach diesem Ereignis legte er sich jedes Jahr genau um die gleiche Zeit, in der damals der Schlangenbiß geschehen war, zum Schlafen und lehnte jede Nahrungsaufnahme ab; diese Verhaltensweise hielt bis zu seinem Tode im hohen Alter an. Der Schock des Ereignisses blieb während seines ganzen Lebens an ihm haften, und da er ein Tier war, wußte er nicht, wie er dieses Muster verändern konnte.

Im Laufe der Jahre begann ich mich selbst zu beobachten und sah, wie ich zu verschiedenen Zeiten des Jahres automatisch reagierte. Ich erkannte, daß dies nicht allein mit dem Wechsel der Jahreszeiten zu tun hatte, sondern daß es andere, tieferliegende Ursachen gab, die sich über mein Leben erstreckten. Dieses Verstehen eröffnete mir neue Horizonte und Einsichten darüber, wie und warum wir uns so oder so verhalten. In der Mitte meiner zwanziger Jahre lernte ich eine Lehrerin kennen, die fähig war, mir diese Prinzipien zu erklären und die mir auch half, das Muster meiner eigenen Vergangenheit aufzubrechen. Ich lernte über vier Jahre bei ihr, so daß ich das Wissen erlangte, anderen Menschen zu helfen, ähnliche Fähigkeiten zu erlernen.

Schocks können auch eine schöpferische Wirkung haben, obwohl die meisten Menschen mit dem Wort ›Schock‹ negative Zustände verbinden. Es gibt Schocks, die als positive Mittler wirken können, zu einer Zeit, wenn wir in einem Kreislauf steckenbleiben und uns auf eine höhere Stufe vorwärts bewegen sollten. Wenn uns dies von liebenden Eltern, die dieses Prinzip verstehen, während unserer Kindheit vermittelt werden würde, wäre es vielleicht leichter für uns, nicht in diesem Augenblick gefangen zu werden, wenn dieser Schock auftritt. Wenn wir uns andererseits ›verspannen‹, fixieren wir meistens etwas, was keineswegs nützlich ist, und das uns dann wie Fliegen in einem Honigtopf festhält, bis das Muster durch das Erwachen zum gegenwärtigen Augenblick wieder aufgelöst wird.

Ich erinnere mich an jemanden, der als Kind so sehr an seinem Teddybär verhaftet war, daß er, als sein Bruder diesen Bär eines Tages aufschlitzte, beinahe in Ohnmacht fiel. Er erinnerte sich an dieses Ereignis nicht mehr bis zu dem Zeitpunkt, als er eine Blinddarmoperation hatte. Das unbekannte Muster, das ihn fesselte, wurde so erkannt und durch den gegenwärtigen Augenblick befreit, was dazu führte, daß sein Leben eine neue Dimension gewann, die er zuvor nicht für möglich gehalten hatte.

Schockmomente können uns einen Teil der Sinne stehlen, die dann in diesem Muster stecken bleiben. Wenn diese erstarrten Stücke von uns nicht erlöst und geheilt werden, können wir nicht erfüllt leben. Wenn wir mit unserem ganzen

Wesen nicht völlig hier sein können, ist die Entwicklung zu unserem vollen Potential begrenzt.

Menschliche Wesen sind nicht nur zwei- oder dreidimensional. Wenn wir aus dem Fenster in den Garten oder auf die Berge schauen, tappen wir sehr häufig in die Falle, nur »die Aussicht und mich« wahrzunehmen. Das ist sehr einengend. Statt dieser Sehweise können wir den Raum »umkehren« und die Pflanzen oder den Berg »uns« sehen lassen, was uns aus der normalen Welt des intellektuellen Assoziierens heraushebt. Des weiteren können wir auch der »Aussicht« und die »Stelle, mit der wir wahrnehmen«, eine andere Dimension hinzufügen, indem wir zur gleichen Zeit bemerken, daß die Sonne scheint (oder daß es regnet usw.) Dies eröffnet uns eine neue Welt der Möglichkeiten. Können wir gleichzeitig, während wir sehen, beispielsweise den Duft einer wunderschönen Rose riechen, Wasser auf unseren Lippen schmecken und spüren, wie wir mit unserem Körper gehen? Wir nutzen selten alle diese hervorragenden Sinne, die uns gegeben wurden.

Ein großer Mann sagte mir einmal: »Wir müssen unsere Brüder und Schwestern in den gegenwärtigen Augenblick hinein lieben.« Wenn wir wirklich in diesem ewigen, immer gegenwärtigen Augenblick leben, kommen andere, feinere Sinne zum Vorschein und können für unseren Dienst nützlich sein. Hierbei meine ich nicht mediale Fähigkeiten und ähnliche Aspekte der Wahrnehmung, sondern eher die wörtliche Bedeutung im Sinne von »klar sehen«. »Hellsicht« in diesem Zusammenhang bedeutet, das zu sehen, was tatsächlich da ist, ohne die Verzerrung durch die Beschränkungen des Verstandes oder eines falschen Egos, das häufig von Meinungen aus der Vergangenheit gebildet ist – von unseren Eltern, Vorfahren und unseren Urteilen in diesem Leben. »Sehen« im wahren Sinne des Wortes bedeutet die Fähigkeit, das zu sehen, was in der relativen Welt existiert und auch das, was für das gewöhnliche Auge unsichtbar ist, zum Beispiel die Bildewelten.

Genauso wie »Hellsichtigkeit« die Fähigkeit ist, mit einem inneren Auge zu »sehen«, befähigt uns die »Hellhörigkeit« mit einem inneren Ohr zu hören. Wenn die Vorstellung unserer eigenen Trennung von der Einen Realität einmal ihre Bande löst, wird uns die Fähigkeit geschenkt, an mehr als an einem Ort gleichzeitig zu sein. Es gibt noch mehr Qualitäten in uns, die wir für den bewußten Dienst für den Planeten und unsere Mitmenschen nutzen können, wenn das Muster des Schocks, der unser Leben so lange motiviert hat, aufgelöst ist.

Das Muster des Schocks

Wenn wir als menschliche Wesen danach streben, das enorme Potential, das in uns liegt, aufzuschließen, dann können wir beginnen, am Prozeß der bewußten Evolution teilzuhaben, und nicht nur an der organischen Evolution unseres Planeten. Eine bewußte Evolution kann nur von bewußten Menschen hervorgebracht werden. Wenn wir den Pfad der Heilung gehen und entdecken, daß wir hier auf diesem Planeten leben, um zu heilen, betreten wir eine Welt, die einmal »das Experiment des Lebens auf der Erde« genannt wurde.

Wir bestehen aus vielen verschiedenen sich gegenseitig durchdringenden feinstofflichen Körpern, die oft als »ätherische Körper« bezeichnet werden, weil die Grundelemente unserer Zusammensetzung Feuer, Erde, Luft, Wasser und Äther sind. Äther wird in der Physik als eine allesdurchdringende gewichtslose Masse betrachtet, welche die Trägersubstanz der elektro-magnetischen Wellen ist. Diese ätherischen Körper sind fähig, diese elektromagnetischen Kräfte dahinzutragen, wo sie gebraucht werden, sehr häufig mit Hilfe der Macht des direkten Gedankens. Jeder dieser subtilen Körper hat eine Entsprechung in der Sinneswelt. Ich habe deshalb diese Körper – um überhaupt eine Definition zu haben – in einen physischen, sexuellen, emotionalen, mental-motivierenden und den Atemkörper (aspirational body) eingeteilt, von denen jeder feiner ist als der vorherige.

Auch wenn wir hauptsächlich mit dem »physischen« Körper identifiziert sind, müssen wir dennoch fähig sein, diesen ganz objektiv zu beobachten, in dankbarer Anerkennung, daß wir mit ihm ein brauchbares Gefährt haben, das uns durch die Lebensreise trägt. Wir können körperlich behindert sein, sind aber dennoch in der Lage, am göttlichen Plan teilzuhaben. Für die Möglichkeiten, die in uns liegen, gibt es keine Beschränkungen. So wie wir erkennen, daß wir fortwährend Kräfte aus den zunehmend subtileren Schwingungsebenen in den unsichtbaren Welten erhalten, wird uns immer mehr von der Angst vor unserer Unzulänglichkeit genommen. In gewisser Hinsicht sind wir alle durch unsere augenscheinliche Unfähigkeit behindert, etwas in Situationen auszurichten, die außerhalb unserer Kontrolle zu liegen scheinen.

Es ist nicht schwierig zu verstehen, wie der physische Körper einen Schock erhalten kann, sei es durch einen Autounfall, die Wirkungen einer Operation oder einer anderen Verletzung. Ein körperlicher Schock bleibt nicht unbedingt in unserer Erinnerung, wenn unsere Haltung zum Zeitpunkt des Geschehens richtig ist. Die kritische Frage ist, was denken oder fühlen wir, wenn der Schock auftritt. Denn das kann ein Schockmuster fixieren, das weiterhin unser Leben beeinflußt. Wir würden sehr achtsam Treppen hinaufgehen, wenn wir ärgerlich oder verdrossen sind, könnten wir nur verstehen, daß ein Fehltritt alles, was wir in diesem Augenblick denken, für unbegrenzte Zeit fixieren wird.

Das Muster eines Schocks wird nicht nur von dem determiniert, was wir zum Zeitpunkt des Schocks denken oder fühlen, sondern auch von der Stelle in uns, von der aus wir denken. Oft setzen wir voraus, daß das Denken vom Kopf kommt, und doch ist es tatsächlich so, daß nur der reine, unverfälschte Gedanke vom Kopf kommt. Meistens kommen unsere Gedanken aus dem Bereich unterhalb unserer Gürtellinie, wo Furcht, Stolz, Gier, Neid, Groll und alle die verschiedenen Mauern, die uns von der Wahrheit trennen, sitzen. Könnten wir die Farbe und Form von einigen der

Dinge, die wir denken, sehen und hätten gleichzeitig keinen Sinn für Humor, würde es uns schwer fallen, mit uns selbst zu leben! Der reine Gedanke wurde am besten von Jesus in den apokrypischen *Johannesakten* beschrieben: »Ich bin der vollständig gedachte Gedanke.«

Heutzutage gibt es bei den Medizinern eine ziemliche Übereinstimmung darüber, daß Krankheiten aus dem Geist kommen, doch ist es auch wichtig zu verstehen, daß der Geist aus vielen verschiedenen Ebenen besteht. Das ist leichter zu verstehen, wenn wir zur Idee zurückkommen, daß wir aus verschiedenen Bereichen des Körper denken und jeder Bereich eine andere Funktion hat. Was wir in Gedanken ausdrücken wird immer zurückkommen und in dem Bereich landen, wo wir uns im Augenblick des Denkens verspannt haben. Der Augenblick lebt immer weiter, dennoch fangen wir ihn in unseren Urteilen, unseren Ängsten und unseren Illusionen ein und sind deshalb nicht frei. Das bedeutet nicht, daß alle negativen Gedanken und Erfahrungen uns körperlich krank machen werden. Wenn wir ehrlich mit uns selbst sind, erkennen wir, daß wir kaum in der Lage sind, die vielen Situationen zu zählen, in denen wir schlechte Gedanken haben. Es ist sicherlich richtig zu sagen, daß einige Krankheitsformen sich in der physischen Welt als Resultat von Gedankenmustern manifestieren. Zum Beispiel kann ein Schock später im Leben den ursprünglichen Schock wieder aktivieren, der bestimmte Verhaltensweisen in unserem Erwachsenendasein hervorbrachte.

Der physische Körper ist materiell und schwingt daher auf niedrigster Frequenz. Jeder weitere ätherische Körper oder jede Vibrationsebene ist verfeinerter als die vorhergehende, obwohl sie sich gegenseitig durchdringen; das gilt auch für die physische Ebene. Es ist beinahe so, als ob wir sie als verschiedene Welten innerhalb der Einheit selbst sehen können, und jede von ihnen ist völlig einzigartig; in Wirklichkeit sind sie jedoch nicht vom Ganzen getrennt – außer durch unseren Verstand.

Die nächsthöhere Vibrationsebene nenne ich den sexuellen Körper, weil wir meistens von sexuellen Bedürfnissen regiert werden. Hierbei spreche ich nicht nur den Geschlechtsakt an, sondern auch das Wesen des Verlangens selbst. Es ist ein Aspekt von uns, und würde er nicht bestehen, wäre die Welt nicht vollständig, weil es dann keine Fortpflanzung gäbe. Tatsächlich benötigt der Planet Kinder und es ist die Liebe, die sich im Verlangen ausdrückt, die die Welt in Gang hält.

Es ist jedoch nützlich zu bemerken, wie oft wir mit unserem sexuellen Körper identifiziert sind, was auf Kosten der anderen Körper geht; auf diese Weise kann er fürchterlich mißbraucht werden. Das gleiche gilt auch für den physischen Körper, wenn er nicht mit den anderen Körpern zusammenarbeitet. Ich befürchte, daß viele von denen, die joggen oder verschiedene Übungen um der Erleuchtung willen ausführen, nur weiter auf dem Weg der Identifikation gehen, anstatt daran zu arbeiten, sich von der illusionären Welt zu befreien. Paradoxerweise brauchen wir diesen Körper als ein Träger der höheren Kräfte und darum ist es wichtig, daß wir ihn in gutem Zustand halten, so daß er im Dienste der Einheit funktioniert. Es ist immer eine Frage dessen, wie wir die Dinge sehen. Wir können nur frei sein, wenn alle Aspekte unseres Seins in vollkommenem Gleichgewicht und Harmonie mit dem Lebensblut des Universums sind.

Als Heiler habe ich die Erfahrung gemacht, daß viele Menschen, die sexuell mißbraucht oder geschändet worden waren, bei mir um Hilfe nachgesucht hatten. Sie gehen durchs Leben, als ob sie in einem Krieg verwundet worden seien und tragen Wunden, die jeder geübte Heiler sehen kann. Ich möchte die folgende Geschichte als Illustration dafür geben, wie übel zugerichtet der sexuelle Körper sein kann.

Vor einiger Zeit kam eine 27jährige Frau mit einer ernsthaften Uteruskrankheit zu mir. Die Ärzte hatten ihr gesagt, daß eine vollständige Entfernung der Gebärmutter erforderlich sei. Im Rückblick auf ihr Leben zeigte es sich, daß sie zweimal vergewaltigt worden war, zweimal zu unterschiedlichen Zeiten, als sie in der gleichen Gegend der Rocky Mountains in Colorado per Anhalter reiste. Die Vergewaltigungen wurden von zwei verschiedenen Männern verübt und zwischen diesen Ereignissen vergingen auch zwei Jahre.

Nichts geschieht zufällig. Nachdem ich Nachforschungen angestellt hatte, entdeckte ich, daß diese besondere Gegend für solche Verbrechen gut bekannt ist. Es schien, als ob diese Gegend selbst Gewalt anzog. Ich fragte sie, ob sie je darüber nachgedacht hätte und ob sie unbewußt den gleichen Weg wieder benutzt hatte, nach dem, was ihr zwei Jahre zuvor geschehen war. Die Frage erweckte sicherlich etwas in ihr, doch sie war zu dieser Zeit unfähig, irgendeinen logischen Grund für ihre Handlung anzugeben. Die Erinnerung war offensichtlich zu schmerzhaft.

Der nächste Schritt war, zu erforschen, was diese Vergewaltigungen verursacht hatte. Es wird oft gesagt, daß unsere Symptome oder unser Schmerz nur unsere Eintrittskarte zum Verstehen unseres Wahren Selbst sind. Augenscheinlich wurde die junge Frau nur zufällig vergewaltigt, doch in Wirklichkeit gab es viele Faktoren, die hineinspielten. In allen Fällen, die ich behandelte, gab es unterschwellige Ursachen, die eine Vergewaltigung ermöglicht hatten. Nicht jede schöne Frau, die in dieser Gegend per Anhalter reiste, erlitt eine derartige Entwürdigung und Gewalt, und doch verursachte etwas in diesem Gebiet eine Anziehung für die entsprechenden Männer. Es gab also zwei Faktoren zu erwägen: die Gegend und der Grund, warum eine Frau in Schwierigkeiten geriet und andere nicht.

Ich entdeckte mit Hilfe der höheren Sinne, daß diese Frau einen beträchtlichen Schock in verschiedenen ihrer ätherischen Körper erlitten hatte und auch etwas im physischen Körper mit sich trug. Das war nicht überraschend. Ich fand den Hauptgrund in einem sexuellen Schock im Alter von fünfeinhalb Jahren. Ich versuchte zusammen mit ihr herauszufinden, ob sie sich an das erinnern konnte, was ihr in diesem Alter zugestoßen war, doch egal wie stark sie es versuchte, sie konnte in ihrer Erinnerung nichts in Bezug auf Kindesmißbrauch oder ähnlichem finden.

Intuitiv war ich überzeugt, daß meine Erkenntnisse korrekt waren. Es gibt beim Heilen Techniken, die man jemandem geben kann, damit dieser bewußt träumt, und ich gab ihr eine Übung, die sie zu Hause ausführen sollte. Am nächsten Morgen kam sie mit einem überraschten Gesichtsausdruck wieder.

»Wissen Sie«, sagte sie, »es war, als ob ich halb wach und halb schlafend während der Morgendämmerung gelegen habe. Ich konnte ganz klar sehen, daß tatsächlich etwas in diesem Alter geschehen war, aber ich habe seitdem nie darüber nachgedacht.« Ihre Augen leuchteten und sie errötete leicht. Ich wußte, daß ich schon auf halbem Wege war, ihr zu helfen. Es war bereits ein Teil des Schockmusters durch die bloße Wiedererinnerung aufgelöst. Sie fuhr damit fort zu erklären, daß sie sich daran erinnerte, mit ihrem älteren Bruder geduscht zu haben, der zu dieser Zeit schon ein ziemlich großer Teenager gewesen war, und daß er sexuell mit ihr experimentierte. Das alleine hätte nicht unbedingt einen Schock hervorgerufen. Offensichtlich war noch mehr dabei. Ich ließ sie das Erinnerungsmuster noch einmal an ihrem inneren Auge vorbeiziehen und fragte sie schließlich: »Hatte es Spaß gemacht?« Einen Augenblick lang sah sie wieder wie eine fünfeinhalbjährige aus. »O ja«, sagte sie mit einem tiefen Atemzug, und schaute schüchtern drein und ließ ihren Kopf hängen.

Für einen Augenblick hatte sie sich angespannt, fühlte sich schuldig und blockierte jede Erinnerung für ihr Bewußtsein. Das Erinnerungsmuster war immer noch da, auch wenn es verdrängt worden war. Es war dieses Erinnerungsmuster, das die Vergewaltigungen verursacht hatte, in einem unbewußten Verlangen, sich an das Gefühl zu erinnern, das sie als Kind gehabt hatte. Das blockierte Schockmuster löste auch ihre Uteruskrankheit aus.

In diesem Falle war es nicht schwer zu erkennen, warum die Krankheit der jungen Frau sich in ihrem Uterus manifestierte, denn ihre Gedanken kamen die ganze Zeit aus diesem Bereich ihres Körpers. Die Gedankenformen, die eher wie ein Gummiband angesehen werden können, schnallten zurück in ihren negativen Aspekten und hatten das Problem verursacht. Ich bin sicher, daß sie auch eine innere Schwäche in diesem Bereich gehabt haben mußte, doch nach der Erkenntnis, die sie im Traum bekommen hatte, meinen Erklärungen der Situation und weiterer Beratung dauerte es nicht mehr lange, bis sie wieder gesund war.

Die nächste Schwingungsebene bezeichne ich als emotionalen Körper oder emotionale Welt. Wie mit allen anderen Welten müssen wir auch hier unzählige Dimensionen in Betracht ziehen. Jeder dieser verschiedenen »Körper« kann Schocks speichern und aufrechterhalten, die zuvor geschehen waren, und das Muster, das durch diese Schocks fixiert worden war, kann fortwährend unser Leben beeinflussen. Durch bewußte Beobachtung unserer Reaktionen auf jede Situation können wir unsere eigenen Heiler werden, wenn wir den Dingen, die unser Leben motivieren, ohne Scham, Schuld oder Tadel in die Augen sehen. Wiedererinnerung ist der erste

Schritt in diesem Prozeß, so wie in der Medizin die Diagnose der erste Schritt in der Behandlung des Patienten ist.

Genauso wie wir der sexuellen Welt verhaftet sein können, können wir uns auch völlig mit der emotionalen Welt identifizieren. Ohne Gefühle, d.h. ohne tiefere Emotionen, wären wir keine ganzen Menschen, und doch ist es wichtig zu erkennen, daß es auch viele negative Emotionen gibt. Die emotionale Welt unterliegt unserer Kontrolle, deshalb sollten wir uns nicht von der emotionalen Welt beherrschen lassen. Unser Ziel ist es schließlich, bewußte menschliche Wesen zu werden, die nicht an die verschiedenen Welten verhaftet sind, sondern stattdessen mit der Bedeutung von allen Welten die Ganzheit des Lebens leidenschaftlich verherrlichen.

Ich erinnere mich an einen klassischen Fall eines emotionalen Schocks, der mir in der Südtürkei zustieß (siehe auch: Ich ging den Weg des Derwisch). Ich befand mich zu dieser Zeit als Schüler im Haus meines spirituellen Lehrers. In der Nacht vor dem Ereignis fand eine Zigeunerhochzeit statt, zu dem das ganze Dorf eingeladen war. Die Vorbereitungen waren seit Tagen in Gang, der Hof des Cafes wurde mit einer Plane überdacht, farbige Lampen wurden angebracht und eine festliche Stimmung lag in der Luft. Es war sehr ungewöhnlich, daß solch ein Ereignis stattfand, denn die Zigeuner lebten weit draußen auf den Ebenen von Anatolien und kamen selten in die Stadt, außer für gelegentliche Warenverkäufe.

Während der Trauung kletterten die Leute auf die Dächer, um einen guten Blick zu haben, andere stiegen auf die Bäume. Nach dem Sonnenuntergang begann der Tanz; Wein, Bier und Schnaps flossen in Strömen und die Zigeunerkapelle spielte mit solch einem Schwung, daß ich der Tanzlust nicht widerstehen konnte. Und ich tanzte bis spät in die Nacht. Mein Lehrer, der bis dahin nichts gesagt hatte, drückte schließlich sein Unbehagen gegenüber meinem Auftritt aus.

Inzwischen hatte sich der Himmel schwarz und unheilverkündend gefärbt und ein gewisser Druck lag in der Luft. Die meisten Teilnehmer waren schon nach Hause gegangen, und nur ein paar wenige reinigten den Festplatz.

In dieser Nacht wachte ich nach kurzem Schlaf vom Geräusch eines mächtigen Sturmes mit Blitz und Hagelschlag auf. Es war immer noch dunkel, aber ich lag wach; ich wollte auch nicht mehr einschlafen, um das geplante Treffen mit meinem Lehrer kurz nach der Morgendämmerung nicht zu verpassen. Der Sturm selbst dauerte nicht lange. Als er aufhörte, bemerkte ich, wie der Luftdruck sich verändert hatte. Seltsame Empfindungen ließen mich unruhig auf das Treffen mit meinem Lehrer warten.

Das erste Licht erschien und zeigte an, daß die Sonne bald aufgehen würde. Als es heller wurde, öffnete ich die Vorhänge und schaute in den Hof des Hauses. Im Hof und auf den Dächern der Häuser sah ich nichts mehr außer Millionen und Abermillionen kleiner Frösche. Es war wie ein Ozean aus Fröschen, der so dick war, daß ich kaum den Boden sehen konnte. Anfänglich dachte ich, ich sei völlig verrückt geworden und setzte mich wieder auf das Bett und versuchte festzustellen, ob ich noch in meinem Körper war. »Das kann doch nicht wahr sein,« sagte ich mir beruhigend, doch es stimmte wirklich, als ich noch einmal hinaus schaute. Nun mußte ich mich beeilen, wenn ich pünktlich zum Treffen mit meinem Lehrer kommen wollte, denn die Sonne war schon aufgegangen. Ich hatte mich immer noch nicht gewaschen und war völlig überwältigt. Mein emotionaler Körper erzitterte unter dem Schock. Natürlich hatte ich mich in diesem Augenblick total verspannt!

Endlich riß ich mich zusammen, wusch mich, kleidete mich an und ging die Stufen zum Innenhof hinunter, wo ich behutsam versuchte, mir einen Weg durch die Ansammlung der Frösche zu bahnen ohne einen zu verletzen. Ich tänzelte wie ein Ballettänzer auf meinen Fußspitzen. Ich ging über den Dorfplatz bis ich zum Weg kam, der zum Strand führte. Wo waren all diese kleinen Frösche hergekommen? Kamen sie aus dem Ungewitter und fielen aus den Wolken? Ich war völlig durcheinander, sicherlich nicht der richtige Zustand für das bevorstehende Treffen. Ich wußte, daß mein Lehrer auf mich wartete, ob Frösche oder keine. Als ich so lief, kam mir eine schwache Erinnerung aus der Vergangenheit. War in der Bibel nicht eine Froschplage erwähnt worden? Könnte dies eine Strafe Gottes sein?

Mein Lehrer saß außerhalb des verlassenen Cafes und hielt seinen Spazierstock in der Hand. Ich vermute, daß ich sehr dumm dreinblickte, da er keinen Kommentar abgab. Auch der Strand war mit Fröschen bedeckt. Ich setzte mich hin und versuchte, mich innerlich wieder zu sammeln.*

»Was ist los?« fragte er. »Du zitterst. Warum? Hast Du nicht deine Klärungsübung gestern abend gemacht, oder warst du nicht ganz bei Sinnen, um dich daran zu erinnern?«

Im ersten Moment fühlte ich mich außerordentlich beschämt und auch sehr ängstlich, doch bis zum heutigen Tag bin ich ihm immer noch dankbar, denn während unseres Zusammenseins half er mir, die Spannungen innerhalb meines emotionalen Körpers aufzulösen. Hätte er das nicht getan, wäre diese Erfahrung in meiner Psyche geblieben und hätte viel Angst und Schuld verursacht, so daß mein ganzes Leben davon beeinflußt worden wäre. Es *gab* die Frösche. Sie waren nicht eingebildet oder eine Halluzination. Sogar mein Lehrer bestätigte, daß es sie gab, und wir setzten unsere Arbeit fort, als ob nichts Ungewöhnliches geschehen wäre. Identifikation

* Im Text erwähnte Übungen werden im Übungsteil ausführlich behandelt.

war nicht erlaubt, egal wie schwer es war, in bestimmten Situationen wach zu bleiben. Und die ganze Sache wurde noch verrückter. Als wir zum Dorfplatz zurückgingen, weil die Sonne zu heiß geworden war, waren die Frösche genauso mysteriös verschwunden, wie sie gekommen waren. Darum verwandelte sich der Schock in ein Wunder und nicht in eine Krankheit, und er ließ ein Gefühl des Wunderbaren und der Ehrfurcht in mir zurück, wie solche Dinge passieren können.

Es ist wichtig zu verstehen, daß diese subtilen Körper oder Welten nicht »höher« oder »niedriger« im Verhältnis zueinander stehen. Das ist nur eine verstandesmäßige Vorstellung. Wie ich bereits erwähnt habe, durchdringen sie sich gegenseitig und haben verschiedene Schwingungsfrequenzen. Es gibt sogar höhere Welten, doch das sind nicht-manifestierte Welten, die darauf warten, in unserer Welt empfangen zu werden, wenn wir unsere Empfangsstationen auf allen Ebenen ausreichend dafür vorbereitet haben.

Die nächste Welt bezeichne ich als mental-motivationale Welt. Die Überlegung dabei ist, wie ein Motiv und eine Absicht – vorausgesetzt diese sind rein – Dinge in der relativen Welt zum Guten der Menschheit manifestieren können. Genauso wie alle anderen Körper von einem Schockzustand verletzt werden können, ist auch dieser Körper verletzlich. Auf dieser Stufe jedoch ist es unwahrscheinlich, daß der mental-motivationale Körper durch einen Schock verletzt werden kann, ohne daß zuvor eine emotionale, sexuelle und daher körperliche Verletzung aufgetreten ist. Jede Welt ist eine Trägersubstanz für die Welt »darüber«, für die feinere Schwingungsebene; deshalb geht eine Wirkung direkt hinunter in den physischen Körper. Die folgende Geschichte bezieht sich auf den motivationalen Körper.

Vor einiger Zeit machte ein lieber Freund von mir einen

Fehler beim Autofahren. Als er versuchte, im Autoradio einen anderen Sender einzustellen, geriet er durch seine Unaufmerksamkeit auf den unbefestigten Seitenstreifen der Fahrbahn. Der Wagen geriet ihm außer Kontrolle und schleuderte über ein Kliff und überschlug sich dabei dreimal. Während dies passierte, erinnerte er sich an eine Atemübung, die ihm helfen sollte, so bewußt wie möglich zu bleiben. Als das Auto mit einem Totalschaden zum Stillstand kam, befand er sich, ohne überhaupt einen Kratzer davongetragen zu haben, auf dem Rücksitz des Wagens. Wenn er sich andererseits in diesem Augenblick verspannt hätte, wäre er bestimmt ernsthaft verletzt oder sogar getötet worden, und was er auch immer gerade gedacht hätte, wäre innerlich in ihm fixiert worden und hätte die verschiedenen Ebenen seines Seins beeinflußt. Der Grund, warum ich diese Geschichte in Bezug zum mental-motivationalen Körper erzähle, liegt darin, daß er mir nach einem langen Gespräch erklärte, daß seine Motive für diese Autofahrt zu diesem Zeitpunkt und in diese Richtung völlig unklar waren.

Der Weg zur Wahrheit ist steil und manchmal abschüssig. Es benötigt tatsächlich große Geduld und Beharrlichkeit, weiterzugehen, wenn es scheint, daß alle Umstände gegen uns gerichtet sind, wenn nichts übrig bleibt, an dem wir uns festhalten können außer an diesem inneren Schrei, dieser brennende Frage nach dem Sinn des Lebens. Je weiter wir im Werk der Transformation kommen, desto wichtiger ist es, die Übungen aufrechtzuerhalten, die wir vielleicht bekommen haben. Diese Übungen stellen das notwendige Gleichgewicht und ein Zusammenwirken der verschiedenen Welten her, was uns zusammen mit einer klaren Absicht befähigt, sicher unsere Reise fortzusetzen.

In diesem Zusammenhang möchte ich noch eine ähnliche Situation erzählen, die mir passierte. Ich hatte eine Einladung erhalten, eine sehr fortgeschrittene Heilerin und Esoterikerin zu treffen. Sie war auf einigen der höchsten Ebenen eingeweiht und vielleicht – obwohl meine Motive klar waren – war meine Zeiteinteilung nicht in Ordnung, da ich einen versteckten Ehrgeiz hatte, auf dieser Ebene herauszufinden, was sie wußte. (Erinnern wir uns, daß jede Welt verschiedene Ebenen hat.)

Ein Freund hatte sich angeboten, mich an diesem Sonntag von Schottland nach London zu fahren, wo das Treffen stattfinden sollte. Die erforderlichen Vorbereitungen waren getroffen. Da diese Begegnung für mich wichtig war, wollte ich sehr pünktlich sein, auch wenn es eine lange, acht bis zehn Stunden dauernde Fahrt war. Wir fuhren verspätet los, was kein gutes Omen war. Häufig gehen Dinge schief, wenn wir eine bestimmte Uhrzeit abmachen und uns nicht daran halten.

Kurz bevor wir die Grenze zwischen Schottland und England überquerten, entschloß sich mein Freund, die Geschwindigkeit von 70 auf beinahe 80 Meilen zu erhöhen, und das auf einer nassen Straße gerade in einer scharfen Rechtskurve. Wir rutschten unablässig und der Wagen schlitterte über den Straßenrand. Wir rammten einen Baum und dann überschlug sich der Wagen und rollte einen Hang hinunter, bis er schließlich durch einen dicken Drahtzaun zum Stillstand kam. Ich vermute, daß wir alle eine Art von persönlichem Gebet haben, das wir im Notfall benutzen, und ich erinnere mich gut daran, daß ich, als wir ins Rutschen kamen, fortwährend das Vaterunser innerlich im Atemrhythmus betete. Als wir dann über den Straßenrand stürzten, war ich völlig bewußt und wach, d.h. im gegenwärtigen Augenblick, und auf das Unvermeidliche vorbereitet. Unerklärlicherweise wurde nur mein Hund verletzt, der in Panik geriet und seine Nase an die Windschutzscheibe stieß, als er vom Rücksitz nach vorne flog. Hätte ich nichts von diesen verschiedenen Welten gewußt und mich verspannt, wäre ich bestimmt ernsthaft verletzt geworden. Die anderen, feineren Schwingungsebenen hätten sich in diesem Augenblick auch fixieren können.

Wir krabbelten aus dem Wagen und schauten zur Straße hoch, die sich jetzt weit über uns befand. Es dauerte aber nicht lange, bis ein Auto heranfuhr und ein nettes schottisches Paar auf einem Sonntagsausflug zu uns hinunterblickte; nachdem sie gefragt hatten, ob wir in Ordnung seien, fragten sie: »Möchten Sie eine Tasse Tee?« Vielleicht half die groteske Situation jeden Schock aufzulösen, der möglicherweise aufgetreten war.

Betrachten wir nun den Schock auf der physischen Ebene und in dreien der ätherischen Körper. Der Schock, der wie eine Wunde wirkt, verursacht Blockierungen in unserem Leben, die gegebenenfalls zur Überkompensation führen. Die Wirkung eines Schocks auf jeder Ebene kann sich in jeder Situation bis in die physische Welt fortsetzen. Ich bin stark davon überzeugt, daß Krebs im physischen Körper die Manifestation eines Chaos ist, das in den anderen subtilen Körpern vorhanden ist.

Ich behaupte keineswegs, daß das Wissen aus der Arbeit mit den Schockmustern ein Allheilmittel für alle Krankheiten ist. Ich hoffe eher, auf die gleiche Weise, wie dieses Wissen in mir geweckt wurde, ich anderen die grundlegenden und selten gelehrten Eigenschaften des Schocks vermitteln kann, so daß wir ein wenig tiefer unsere Verantwortung verstehen, geboren worden zu sein, Kinder zu haben und Treuhänder des Planeten zu sein.

Wenn unserem Atemkörper (aspirational body) Schaden zugefügt wird, verlieren wir das Instrument, mit dem wir atmen (aspire), und folglich haben wir nichts, wonach wir streben (aspire) können. Sehr viele Leute wuchsen mit den Erwartungen ihrer Eltern auf, die wenig Verständnis dafür hatten, daß die Erwartungen, so wie sie sich im ätherischen Feld bilden, den Atemkörper schädigen, manchmal so übel, daß das Kind nie die innere Vision erlangt, die ihn zu besseren Lebenszielen führt. Es ist vielleicht eine der größten Sünden – falls es so etwas wie Sünde gibt – wenn Eltern Erwartungen von ihren Kindern haben. In Wirklichkeit sind es die Eltern, die versuchen, ihre eigenen Fehler zu verdecken, indem sie sich hinter ihren Kindern verstecken. Dadurch entsteht großer Schaden. Der Atemkörper hat die höchste Schwingungsfrequenz und ist daher am schwierigsten zu heilen.

Ich möchte hier ein Beispiel geben, wie ein solcher Schaden entstehen kann. Stellen wir uns ein kleines Mädchen vor, das Juwel ihres Vaters, das von ihren Eltern sehr verhätschelt wurde. Das Verwöhnen eines Kindes ist beinahe so schlimm wie ein Mißbrauch, denn im späteren Leben vermindert es die Würde dieses menschlichen Wesens zu einem Grad, der oft schmerzlich zu beobachten ist. Diesem kleinen Mädchen, die ich Annie nennen möchte, wurde ein Pony zu ihrem fünften Geburtstag versprochen. Sie war gespannt, aufgeregt und verbrachte viele Stunden mit ihren Eltern, um Bilderbücher mit Ponies und Pferden zu betrachten; dies geschah in einem solchen Ausmaß, daß sie jede Nacht von Pferden träumte. Ihre ganzen Gedanken drehten sich nur noch um ihren fünften Geburtstag. Hinter dem Haus war eine kleine Pferdekoppel, und sie und ihr Vater beschäftigten sich stundenlang damit, diese Koppel zu pflegen und einen Zaun zu bauen, damit alle Vorbereitungen getroffen waren, bis das Pony eintraf.

Annie erzählte allen Freunden von dem kommenden Ereignis und lud sie zu ihrer Geburtstagsparty ein, damit sie das Pony, über das so lange gesprochen wurde, sehen könnten. Sie war so überwältigt, daß sie überhaupt nicht bemerkte, daß ihre Eltern große Schwierigkeiten in ihrer Beziehung hatten. Während Annie im Bett war, schrien sich die Eltern gegenseitig an und hatten große Auseinandersetzungen miteinander. Geräusche können auch Muster fixieren und darum drangen die Wirkungen dieser Auseinandersetzung während ihres Schlafes in ihr elektromagnetisches Feld ein.

Am Tag vor Annies Geburtstag ging ihr Vater wie gewöhnlich zur Arbeit, aber dieses Mal kehrte er erst nach Hause zurück, als sie schon im Bett war. Ihre Mutter sagte ihr, daß er bis spät im Büro zu arbeiten hätte und versicherte ihr, sie solle sich keine Sorgen machen. Der Morgen kam und Annie wachte früh auf. Vielleicht war das Pony schon angekommen und das war vielleicht der Grund, warum ihr Vater vergangene Nacht so spät kam. Sie schaute aus dem Fenster, aber die Koppel war leer. Dann ging sie hinunter und schlich sich ins Zimmer ihrer Eltern. Es war immerhin ihr Geburtstag! Ihre Mutter schlief immer noch, doch ihr Vater war nicht da. Sie wurde ganz aufgeregt und völlig verzweifelt, und als ihre Mutter aufwachte, weinte das Mädchen so sehr, daß sie sich erst nach einem warmen Kakao wieder beruhigte. Dann wurde ihr gesagt, daß ihr Vater nicht mehr zurückkäme. Er war gegangen und auch das Pony war nicht da.

Der Schock dieses Ereignisses ist leicht zu verstehen. Annie hatte große Erwartungen in diesen Tag, ihren Geburtstag, gesetzt und das lang versprochene Pony erwartet. Der Schock hatte sich bis zu ihrem siebten Lebensjahr auf mindestens drei feinstofflichen Ebenen gefestigt. Auch wenn die bittere Enttäuschung über das Ereignis langsam nachließ, verachtete sie als Teenager die Männer. Sie reizte die Männer sexuell, lachte sie dann aber dann aus, wenn sie etwas von ihr wollten. Sie heiratete in ihren frühen zwanziger Jahren, wurde beinahe sofort schwanger und als das Kind nur ein Jahr alt war, verließ sie das Kind und ihren Mann und verfiel den harten Drogen.

Lassen Sie uns die Reihe der Ereignisse durchgehen. Annie

war mit Erwartungen aufgewachsen, wurde als junges Kind verwöhnt und ist dann im Alter von fünf Jahren bitter enttäuscht worden. Zu diesem Zeitpunkt war sie von dem Schock blockiert und schließlich blieb ihr nichts mehr übrig, nach dem sie streben konnte, und ihr Verantwortungsgefühl ging auch verloren. Es kostete mich viel Zeit ihr zu helfen, das Erinnerungsmuster dieses Geschehnisses wieder zu Bewußtsein zu bringen, so daß sie ihr Leben neu beginnen konnte.

Geräusche fixieren Muster. Die Geräusche, die wir vor unseren und anderen Kindern machen, haben einen direkten Einfluß auf den Augenblick und deshalb ist unsere Verantwortung als Erwachsene enorm. Wir müssen sehr sorgfältig mit dem sein, was wir denken und sagen, denn sogar ein Gedanke hat einen Klang. Wir streben sicherlich danach, diese Welt gesünder und lebenswerter zu machen zum Wohle unserer Kinder und der Kindeskinder. Deshalb ist unsere Verantwortung sehr groß.

Atem ist Leben

Es wurden schon viele Bücher über das Thema ›Atem‹ geschrieben, besonders solche, die auf der Yoga-Tradition basieren, doch in der westlichen Welt finden wir erstaunlich wenig Material für die westliche Mentalität. Im Rahmen des Themas ›Atem‹ möchte ich jedoch zuallererst das Wort ›Dienst‹ herausheben. Es gibt viel Schmerz und Leid in der Welt. Häufig fällt es uns schwer, uns hinzusetzen und eine Übung – wie eine Atemübung, die auf die Heilung der Welt ausgerichtet ist – durchzuführen, wenn wir vielleicht selbst einen großen Schmerz haben. Das Paradox aber ist, wenn wir uns daran erinnern, daß wir hier sind, um zu heilen, viele Dinge für uns in unserem eigenen Leben leichter werden und uns plötzlich klar wird, was unser Lebenszweck sein mag.

Die meiste Zeit schlafen wir und leben in Illusionen, nicht zuletzt darüber, wie wir atmen. Der Atem ist Leben! Wenn wir allein über diesen Satz nachdenken, können wir verstehen, daß wir eine große Verantwortung haben, bewußt zu atmen; diese Erkenntnis kann uns den Anstoß geben zu lernen, unter allen Umständen richtig zu atmen. In unserer Kontemplation können wir sagen: *Atem* ist Leben, Atem *ist* leben, Atem ist *Leben*, und jedesmal können wir durch diese unterschiedliche Betonung einen anderen Aspekt des Atems entdecken. Um wirklich wach zu sein, müssen wir die Wichtigkeit des Atems verstehen. Wir können zum Beispiel dem Atem durch die Nasenlöcher folgen und seinen Kreislauf im Körper beobachten. Wir können seine umwandelnde Kraft auf die Zellen und Moleküle sehen und erfahren, daß er ein Träger von Heilkräften für jene Teile des Körpers ist, die diese benötigen. Unser Atem ist nicht nur auf unseren eigenen Körper begrenzt, er kann auch über Zeit und Raum hinaus getragen werden. Wir können auch lernen, für eine andere Person zu atmen, wenn diese Schwierigkeiten hat.

Atem ist der Schlüssel zu bewußter Geburt, bewußtem Sex und bewußtem Tod. Denken wir nur an einen Mann, der seiner Frau bei ihren Wehen und bei der Geburt beisteht, indem er die Stärke und den Rhythmus seines Atems konstant hält, so daß es für sie leichter wird, sich zu entspannen. Das bewußte Atmen spielt auch beim Geschlechtsverkehr eine vitale Rolle; die geschlechtliche Beziehung kann die heiligste Handlung auf Erden werden, wenn wir bewußt an der göttlichen Ordnung teilhaben wollen. Und im Augenblick des Todes – auch wenn die sterbende Person nicht mehr bewußt anwesend ist – kann sich durch bewußtes Atmen tiefer Frieden im Zimmer verbreiten. Dafür gebrauchen wir den »Atem der Mutter«, den ich später bespreche.

Es liegt auf der Hand, daß wir dafür eine gewisse Übung benötigen. Unglücklicherweise lernen wenige von uns diese Dinge in der Schule oder zu Hause, doch es ist nie zu spät, etwas zu lernen! Der große Schlüssel zur Kunst des Atmens ist, keinen besonderen Gewinn (egal wie subtil) aus dieser Übung zu erwarten. Der Verstand ist ehrgeizig, doch wir sollten uns daran erinnern, daß wir leben, um zu heilen oder geheilt zu werden, nicht um Macht oder Vorteile für uns zu gewinnen.

Laßt uns einen typischen Tag betrachten, der mit dem Augenblick des Aufwachens beginnt, und beobachten wir alle Aspekte der täglichen Atmung. Vielleicht gähnen oder strekken wir uns ein wenig, bis wir imstande sind, aus dem Bett zu kommen und unseren Tag zu beginnen. Wenn wir flach auf dem Rücken liegen, ist unser Atem nicht derselbe wie beim

Sitzen oder Stehen. Beide Stellungen bringen unterschiedliche Aspekte der Energie ins Spiel. Wenn wir uns schlafen legen, haben wir eine bestimmte Art des Magnetismus, der ganz wesentlich mit der Tageszeit verbunden ist, wenn die Sonne untergeht und wir unsere Nachtzeit-Reise in den Schlaf beginnen. Genauso haben wir beim Aufstehen aus dem Bett in eine vertikale Stellung eine andere Art der Energie, die notwendig ist, unsere tägliche Arbeit zu bewältigen.

Wenn wir auf der rechten Seite liegen und bewußt atmen, fühlen wir etwas anderes als wenn wir auf der linken Seite liegen. Darum wird gesagt, daß wenn wir nicht in der Lage sind, im Stehen, Sitzen oder Knien zu beten, wir dies auf unserer rechten Seite liegend tun sollten. In dieser Position ist die Qualität unseres Atems empfänglicher.

Wenn wir aus dem Bett steigen und dabei absolut wach und bewußt sind, ist es uns möglich, den Atem, das Wort und den Klang der verschiedenen Aspekte von Nacht und Tag zu vereinigen. Die erste Übung am Morgen ist die Entscheidung, aus dem Bett aufzustehen – im Gegensatz zu einem unabsichtlichen Herausrollen und einem ziellosen »in den Tag rutschen«. Wir stehen bewußt auf und sind genau in dem Augenblick, wenn unsere Füße den Boden berühren, ganz wach. Das Bett erwartet uns sicherlich wieder für die nächste Nacht! Sitzen wir dann am Bettrand, geben wir uns dem Beginn des neuen Tages hin und sagen innerlich: »Kann ich an diesem Tag von gutem Dienst sein?« Zum gleichen Zeitpunkt sagen wir auch bevor wir aufstehen das Gebet unserer Wahl, und dann gehen wir mit der Erinnerung an den Atem zum nächsten Schritt in unserem Leben über. Es ist erstaunlich, wie diese Übung vielen Menschen hilft.

Der Morgen schreitet voran. Wir nehmen unser Frühstück ein und gehen dann zur Arbeit. Wenn wir während des Tages aufmerksam sind, bemerken wir, wie sich unser Atem verändert. Es ist so, als ob wir eine eingebaute automatische Gangschaltung hätten, welche die Gezeiten unseres Atems dem Geschehen anpaßt.

Nehmen wir ein Beispiel: Wir steigen in das Auto, fahren auf der Schnellstraße zu unserem Arbeitsplatz und befinden uns plötzlich in einem Verkehrsstau. Stellen wir uns nun vor, wir kamen etwas verspätet aus dem Haus, was den Rhythmus unseres Atems beschleunigte, und nun – aus Angst davor, zu spät zu kommen – steigen Ärger und Frustration in uns auf, weil die Dinge nicht so laufen, wie wir es uns vorgestellt hatten. Der Atem, der sich durch unsere Befürchtung, uns zu verspäten, beschleunigt hatte, verkrampft sich durch den Ärger. In beiden Zuständen könnten wir keine wahren Mittler der Heilkraft sein. In ersten Fall würden wir nicht im gegenwärtigen Augenblick sein, weil wir mit falschen Vorstellungen losfahren, im zweiten Fall wären wir auch nicht im gegenwärtigen Augenblick, weil sich unser Atem verkrampft hat. Wenn wir nun unsere Nerven verlieren und die anderen Fahrer anschreien, könnten wir uns bestimmt nicht als Heiler bezeichnen und sogar einen Unfall hervorrufen. Wahre Heilung kann nur im gegenwärtigen Augenblick geschehen.

Das gleiche gilt für unser emotionales Leben. Wenn wir in Einklang mit dem Atemrhythmus sind, dann ist unser Bewußtsein nicht von unseren Emotionen unterdrückt. Die meisten von uns erleben dies jedoch umgekehrt. Das Bewußtsein, das wir haben, ist völlig im Meer der emotionalen Aufgewühltheit ertrunken.

Doch es gibt Hoffnung! Wenn wir erstens lernen, warum es nützlich ist zu Atmen und dann noch lernen, wie wir richtig Atmen sollen, können wir wieder zum Atem zurückfinden. Dann können die höheren Aspekte unseres Wesens, die sowieso mit den Höheren Welten in uns eng verknüpft sind, durch uns wirken, getragen von den Winden der Wandlungen, die durch jeden bewußten Mann oder jede bewußte Frau atmen. Die Kraft des Atems hilft uns, aus Stagnation, Krankheit und negativen Gefühlen herauszukommen. Es ist eine große Herausforderung.

Wir alle machen Fehler, sonst könnten wir nichts dazulernen. Laßt uns noch bei unserem Beispiel bleiben und nehmen an, wir vergessen weiterhin unseren Atem. So kommen wir nun verspätet im Büro an und stürmen durch die Tür. Dann bemerken wir die neue Sekretärin, die gerade angefangen hat und an die wir nicht gewohnt sind; die Briefe, die beantwortet werden müssen, liegen nicht da, wo sie liegen sollten. Der Kaffee ist kalt, und dann, gerade als wir uns einen frischen kochen wollen, fällt der Strom aus. Zu diesem Zeitpunkt wäre das einzige, was den unmöglichen Tag retten könnte, die Erinnerung an die Heiligkeit des Atems. Wenn wir mit dem »Mutter-Atem« atmen könnten, würde sich das Büro beruhigen und Ordnung könnte wieder einziehen.

Atem, das heißt bewußter Atem, hat eine direkte Beziehung zur Zeit. Unsere Zeiterfahrung verändert sich völlig, wenn wir im Einklang mit dem Atem stehen. Wenn wir nach der Verabschiedung von Ehegatten, Kindern oder Freunden das Haus rechtzeitig verlassen und einen Augenblick innegehalten hätten, um uns innerlich zu sammeln, dann lächelnd ins Auto gestiegen wären und uns dazu entschieden hätten, bewußt zur Arbeit zu fahren, hätte es vielleicht überhaupt keinen Stau gegeben. Wir wären dann vielleicht an allen anderen Fahrern, die keine bewußte Entscheidung getroffen hatten und deshalb im Stau steckten, vorbeigefahren!

Der Tag im Büro geht weiter. Genauso wie jede Stunde sich von einer anderen unterscheidet und sich anders anfühlt, so ist auch jeder Tag anders. Was wir montags tun, der vom Mond beeinflußt ist, würden wir nicht am Dienstag tun, der vom Mars beeinflußt ist, oder an einem Donnerstag, der dem

Jupiter untersteht. Jeder Tag hat seine eigene Qualität. Ähnlich vermehrt das Aussäen oder Pflanzen in bestimmten Zyklen des Mondes die Chancen, daß die Pflanzen gesund und stark werden. Ebenso können wir unsere Aktivitäten in Verbindung mit den besonderen Qualitäten jeder Stunde des Tages planen und dadurch Ordnung und Gleichgewicht in unser Leben bringen.

Wenn wir während des Tages unserem Atem Aufmerksamkeit schenken, werden wir bemerken, daß es mit jeder Stunde eine subtile Änderung gibt, nicht nur im Rhythmus, sondern auch beim Positionieren des Atems. Diese Veränderungen geschehen automatisch, auch wenn wir sie selten wahrnehmen. Gewöhnlich kommt mehr »Schwingung« oder Energie durch ein Nasenloch als durch das andere. Wenn wir unseres Atems bewußt sind, können wir gegebenenfalls imstande sein, den Atem leichter durch das rechte Nasenloch zu spüren, und in einem anderen Augenblick leichter im linken. Wenn wir fühlen, daß mehr Energie durch das rechte Nasenloch gelangt, dann sind wir in einer positiveren Haltung, ein guter Zeitpunkt zum Handeln. Spüren wir den Atem mehr im linken Nasenloch, sind wir empfänglicher. Ist der Atem auf beiden Seiten gleich, haben wir ein Gleichgewicht zwischen der aktiven und passiven Seite.

Wir können unseren Atem von einem Nasenloch zum anderen bewegen, wenn es eine Notwendigkeit dazu gibt. Ist es notwendig, ein Treffen in einer positiven Haltung zu besuchen, dann können wir innerhalb von drei Minuten unseren Atem durch das rechte Nasenloch leiten. Wenn wir dabei sind, etwas, was wir unbedingt hören wollen, aufzunehmen, dann ist es wichtig, die richtige Schwingungsrate durch das linke Nasenloch aufzunehmen. Es ist viel schwieriger, einen völlig ausgeglichenen Atem zu erreichen, doch mit Visualisation und Übung können wir lernen, durch das

Membran zu Atmen, das das linke und rechte Nasenloch voneinander trennt.

Je mehr wir mit bewußtem Atem arbeiten, umso mehr werden wir fähig sein, in einer chaotischen Welt in Harmonie zu leben. Wir werden herausfinden, daß wir uns immer weniger mit bestimmten Umständen identifizieren, und können so die Hektik in einer Bank oder dem Supermarkt leichter ertragen. Langsam beginnen wir, einen inneren Beobachter zu entwickeln, der für jeden Augenblick sensibler wird; so werden wir fähig, das zu erkennen, was zu jedem Zeitpunkt richtig ist, und wir werden auch wissen, wie wir am besten helfen können.

Wenn wir mit einer Gruppe von Leuten in einem Raum sitzen, atmen wir offenbar alle dieselbe Luft ein und die verbrauchte Luft aus. Es gibt jedoch auch eine Möglichkeit, sich die Luft auszuwählen, die man einatmet; selbstverständlich können wir die Wahrheit dieser Aussage nur überprüfen, wenn wir diese Sache ausprobieren. Es lohnt sich. Der Schlüssel dazu ist, sich die beste Luftqualität auszusuchen, die wir uns vorstellen können. Diese Übung geschieht mit Hilfe von ›kreativer Imagination‹. Das ist keine Fantasiereise, sondern vielmehr eine innere Fähigkeit, die als kreativer Akt hervorgebracht werden kann.

Hierbei mag man sich fragen, wie wir in einem Zimmer voller Raucher die feinste Luftqualität auswählen können. Diese Übung ist schwierig, aber dennoch durch die Visualisierung möglich. Indem wir die Raucher oder den Rauch verurteilen, identifizieren wir uns mit der Situation. Wenn es für uns lebensnotwendig ist, eine besondere Funktion zu gebrauchen, sollte die An- oder Abwesenheit von Rauch keine Einfluß auf uns haben, wenn es unser gesetztes Ziel ist, unter allen Umständen richtig zu atmen.

Wir können uns vorstellen, daß wir am Meer stehen, an

einem schönen Fluß oder einem reinen Bergbach, und während wir dieses Bild im Geiste halten, atmen wir im Rhythmus des Mutteratems (siehe Übungsteil). Es ist auch möglich, die Kraft eines besonderen Sterns oder Planeten einzuatmen, um ein inneres Gleichgewicht zu erlangen. Wenn wir zusätzliche männliche Stärke benötigen, können wir sie durch den Atem vom Mars holen, wodurch das Element Eisen in unserem Körper vermehrt wird. Brauchen wir mehr Empfänglichkeit, können wir uns entsprechend den Planeten Venus visualisieren und damit das Element Kupfer in uns vermehren. Wir können uns sogar die heiligen Orte auf der Erde beim Atmen vorstellen, wie zum Beispiel die Orte in den Himalayas, wo die heiligen Männer leben, oder Städte wie Jerusalem, Chartres, Glastonbury oder das große Medizinrad in Wyoming. Das alles wird durch die Verbindung von Atmen und Visualisieren geleistet.

Kehren wir zu unserem Beispiel zurück. Wenn wir in der Mittagspause bewußt essen und dabei respektvoll auf den Atem achten, werden wir die ganze Energie schöpfen, die wir für den Nachmittag benötigen. Unsere Haltung gegenüber dem Essen sollte wie die beim Atmen sein. Es ist wichtig, daß wir nichts für selbstverständlich halten und daß wir immer wieder dankbar für alles sind. Wir können dann dieses tiefe Gefühl der Dankbarkeit mit anderen teilen, die es vergessen haben.

Der Nachmittag kann ermüdend sein und wir haben Schwierigkeiten damit, uns zu konzentrieren. Wenn wir uns dann wieder an den bewußten Atem erinnern, werden die Dinge etwas leichter. Jeder Atemzug kann unser letzter sein – wir können nie wissen. Wir kamen in diese Welt mit einem Atemzug und werden mit dem letzten Atemzug von hier weggehen. Wenn das Leben schwierig zu sein scheint, können wir uns immer für einen Augenblick auf diese Tatsache besinnen.

Schließlich rückt der Feierabend heran, wir steigen ins Auto und werden wieder den Ausfallstraßen, dem Auspuffgestank, frustrierten Mitmenschen, plärrenden Radios und den Verkehrsstaus begegnen. Das alles scheint so viel Zeit zu kosten. Wie schaffen wir es, Tag für Tag mit solchen Situationen zurechtzukommen, ohne Bluthochdruck oder Magengeschwüre zu entwickeln? Viele Menschen legen sich ein dickes Fell zu – eine gewisse Möglichkeit zum Überleben, doch keine bewußte. Diese Methode führt uns nur noch tiefer in den Schlaf, so daß wir dem Unbehagen nur ausweichen.

Wenn wir eine gewisse Kontrolle über den Atem haben, können wir im immergegenwärtigen Augenblick leben – ein Grund, warum ein Heiler überhaupt hier sein muß. Natürlich ist jeder auf seine Weise ein Heiler, doch wir müssen bewußt und wach sein, um diese Fähigkeit zu nutzen. Mit jedem Atemzug sollten wir präsent sein. Freiheit liegt genau am Punkt zwischen dem Ein- und Ausatmen; in diesem Augenblick kann die Gnade hereinkommen. Wir können nie wissen, wann dies geschieht. Es könnte auf der Autobahn passieren. Der Verkehrsstau kann eine ausgezeichnete Zeit sein, die Kunst des Atmens zu praktizieren, so daß wir, wenn wir zu Hause ankommen, innerlich vollständig gesammelt sind, um unsere Freunde oder unsere Familie in einem guten Zustand zu begrüßen. Dann werden wir nicht die ganze Last des Tages auf den Schultern tragen und nach Hause schleppen. Wir sind dann bereit für einen neuen schönen Augenblick in unserem Leben.

Zu Hause werden wir wahrscheinlich ein Bad nehmen oder uns duschen, um den Schmutz des Tages wegzuwaschen. Dabei haben wir eine neue Gelegenheit, die Atmung zu nutzen. Wenn wir baden, können wir bewußt die Feuchtigkeit einatmen. Der Atem trägt die Feuchtigkeit. Wasser andererseits ist ein elektrischer Leiter, und Gedankenformen sind elektrische Impulse. Indem wir bewußt die Feuchtigkeit beim Baden oder Duschen einatmen, können wir unsere feinen Körper reinigen, wo sich vielleicht Gedankenformen der feinsten Art niedergeschlagen haben, ohne daß wir es bemerkt hätten.

Nun sind wir für den Abend und alles, was er bringen wird, gut vorbereitet. Wir haben hart gearbeitet, um in Kontakt mit dem Atem zu sein und auch in Kontrolle des Zeitablaufs. Nun können wir entspannt essen und unseren Feierabend genießen. Zur Vollendung des Tages machen wir vor dem Einschlafen unsere ›Entscheidungsübung‹ und abschließend die ›Klärungsübung‹. Nun können wir in Frieden schlafen, um alle Kräfte für den nächsten Tag zu sammeln.

Atem ist Leben! Wir atmen nur ein, um auszuatmen, und so lernen wir, die Einatmung mit der Ausatmung ins Gleichgewicht zu bringen. Wir beobachten den Atem und spüren, wie die Luft in uns hineinströmt; ebenso lernen wir, ihn für gute Zwecke zu gebrauchen. Die Visualisation beim Atem unterstützt das. Wenn andere im Stress sind, können wir für sie atmen. Durch die Kombination von Atem und Visualisation sammeln wir die Energie, die wir brauchen, um dienstbar zu sein. Ibn Arabi, der große Sufi-Mystiker, sagte einmal: »Alles ist im göttlichen Atem enthalten, wie der Tag in der Morgenröte.«

Der Heilberuf

Die Frage der Erlaubnis und Autorität

Die Frage der Erlaubnis und Autorität im Heilberuf ist eine Sache, die uns alle angeht, ganz gleich, auf welchem Gebiet wir arbeiten. Diese Frage wird selten – wenn überhaupt – bei unserer Ausbildung gestellt. Bei der Geistheilung und der Heilung mit Gebeten kommen wir sogar in Bereiche, wo kaum die Frage auftaucht, ob wir eine Erlaubnis der Person oder Gruppe haben, für die wir beten. Wir müssen deshalb sehr tief in uns gehen, um zu wissen, ob wir die erforderliche Autorisation (einschließlich eines höheren Wissensgrades) dafür haben, Gedankenformen in den Äther zu leiten, die sich sicherlich irgendwo manifestieren werden.

Ich erzähle sehr häufig die Geschichte aus der Zeit, als ich in Los Angeles lebte und eine intensive Schule zur Transformation leitete. Äußerlich lief alles ganz gut, doch aus unerfindlichen Gründen fühlte ich mich immer schlechter. Ich hatte das Gefühl, immer tiefer in der Patsche zu stecken und verlor sehr viel Energie. Ich setzte mich hin und meditierte darüber, um den Grund dafür zu finden. Ich bekam auch eine Antwort: Eine große Gruppe von Leuten hatte die ›Eingebung‹ gehabt, sie müßte während dieser Zeit für mich beten. Als mir die Sache klar war, rief ich die Gruppe an, dankte den Leuten vielmals für ihre Hilfe und bat sie, mit ihren Gebeten für mich aufzuhören. Kurz danach kam meine Energie wieder und ich fühlte mich besser. Später war ich in der Lage, die Gruppe zu besuchen und ihnen zu erklären, was sie taten. Ich machte ihnen klar, daß sie, bei allem guten Willen, die Vorstellungen der einzelnen und der Gruppe auf mich projizierten, weil sie dachten, ich bräuchte ihre Hilfe. Es kommt sehr häufig vor, daß Leute fälschlicherweise ihre Meinungen mit wirklichen Gebeten verwechseln.

Hier taucht die Frage auf, wie wir dann sicher sein können, ob wir die Erlaubnis, die erforderliche Autorität und das Wissen für eine solche Handlung haben. Beim üblichen Arztbesuch kommt der Patient und bittet um Hilfe, und dann versucht der Arzt oder die Ärztin das Beste, um ein Mittel gegen den Schmerz und das Leiden zu finden. Dabei gibt der Patient die Erlaubnis zur Behandlung. Soll der Patient im Krankenhaus operiert werden, muß er eine Genehmigung zur Operation unterschreiben, damit der Arzt frei Hand hat, die Operation durchzuführen, da er selten mit Sicherheit einen Erfolg versprechen kann. Der Patient entbindet somit den Arzt von der Entscheidung zur Operation. Besteht nicht eine ähnliche Situation in den Bereichen des Geistes? Wie oft bitten wir innerlich um das Recht, den Prozeß der Veränderung durch unsere eigene Stärke, unseren eigenen Geist und unsere positiven Gedanken zu unterstützen? Es gibt Zeiten, wenn es notwendig sein kann, daß die Person, der wir helfen wollen, eine gewisse Zeit lang krank bleibt, damit sie etwas lernen kann, oder daß bestimmte innere Abfälle verbrannt werden können.

Wir haben einen Schutz in all diesen Dingen, wenn wir die folgenden drei Fragen stellen, die ich jenen auf den Weg gebe, die bei mir lernen: »Darf ich?« »Soll ich?« und »Kann ich?« Die Implikationen dieser Fragen sind weitreichend und es ist ratsam, daß wir tief in das Wesen dieser Fragen eindringen. Diese Regeln sind nicht nur für Menschen wichtig, die einen

Heilberuf haben, sondern gelten auch für jede Entscheidungsfindung.

Wir alle sind durch unsichtbare Fäden verbunden. Für alles gibt es einen rechten Zeitpunkt und Ort. Als Menschen haben wir die unmittelbare Verantwortung, jeden unserer Tage gut zu planen und nichts ohne gewissenhaftes Nachdenken zu unternehmen. Denn es ist tatsächlich so, wie William Blake es ausdrückte: »Man kann keine Blume pflücken ohne einen Stern in Schwierigkeiten zu bringen.« Wenn wir wahrhaft ehrlich mit uns selbst sind, können uns diese Fragen helfen, herauszufinden, ob wir die nötige Autorität und die Erlaubnis dazu haben, mit einem Patienten zu arbeiten oder für ihn zu wirken, oder für das Land und den Planeten selbst uns einzusetzen. Wenn die Landesplaner sich nur diese drei Fragen stellen würden, bevor sie wieder einen Wohnblock an die falsche Stelle bauen!

Die Bedeutung des »Darf ich?« ist oberflächlich gesehen leicht zu verstehen. Es ist die Frage nach der Erlaubnis das zu tun, was im Augenblick unbedingt notwendig ist. Es ist wie die Frage an einen Freund beim Telefonieren: »Darf ich heute vorbeikommen?« So ist diese Frage an erster Stelle eine Sache der Höflichkeit; aber es gibt noch tiefere Ebenen der Bedeutung. Nehmen wir z.B. an, wir fragen so, ohne überhaupt innerlich beteiligt zu sein, und die Person am anderen Ende der Leitung sagt einfach »Nein!« Der daraus entstehende Ärger kann sogar auf uns zurückwirken. Wann immer wir eine Frage stellen, müssen wir mit unserem *ganzen* Sein fragen, und dann wird die richtige Antwort für alle Beteiligten kommen. Es ist beinahe so, als ob wir so fein wie ein Musikinstrument gestimmt sein müssen, so daß das, was hinter der Frage liegt, richtig gehört werden kann und die Antwort wirklich klar ist.

Mit dieser ersten Frage bitten wir um Erlaubnis vom

Höchsten Willen, aber auch von dem einzelnen oder der Gruppe, die betroffen ist. Durch diese Frage, durch diese Verbindung, kann das höhere Selbst die Antwort in die relative Welt bringen und wir können fortfahren. Es ist unbedingt wichtig, nicht ohne diese Erlaubnis weiterzumachen.

Die zweite Frage »Soll ich?« kann am besten durch ein Verständnis der Zeit klar werden. Wie ich schon erwähnte, gibt es für alles einen richtigen Zeitpunkt. Wenn wir wirklich diese Frage in aller Ehrlichkeit stellen, werden wir verstehen, daß Zeit für jede Art von Heilung von äußerster Wichtigkeit ist. Dies scheint offensichtlich zu sein, doch die Kunst, eine Frage zu stellen, wird selten gelehrt. Wenn wir darüber kontemplieren, werden wir vielleicht ein wenig über die Zeit verstehen lernen. »Soll ich?« bringt uns zu der Erlaubnis *innerhalb des rechten Zeitpunkts*, genauso wie »Darf ich?« nach der Erlaubnis von einer Quelle nachsucht, die außerhalb der Zeit liegt.

Die letzte Frage: »Kann ich?« schließt den Zustand ein, in dem wir in jedem gegebenen Augenblick sind. Vielleicht sind wir einfach an diesem Tag oder dem Zeitpunkt nicht fähig zu helfen. Vielleicht geht es uns nicht gut oder haben keine Energie oder sind nicht in einem brauchbaren gesammelten Zustand. Oder vielleicht ist das, was wir heilen möchten, nicht dazu bereit.

Das »Kann ich?« ist eine genauso große Frage wie die ersten beiden. Ich erinnere mich hierbei an eine Patientin, die mit Schlafschwierigkeiten zu mir kam, die sie schon fünf Jahre lang plagten. Wegen einer unrichtigen Diagnose war sie jahrelang falsch behandelt worden. Ich stellte die drei Fragen, um eine Erlaubnis zur Behandlung zu erhalten, und erhielt jedesmal eine positive Bestätigung. Nach der Behandlung schlief sie sieben Nächte lang durch. Natürlich war ich sehr glücklich darüber, doch eine Woche später kam sie und sagte, sie wolle nichts mehr mit mir zu tun haben. Ich war mehr als überrascht und ging meine Fragen innerlich noch einmal durch. Hatte ich sie richtig gestellt? In diesem Falle hatte ich es. Die Frau jedoch wollte offenbar eine falsche Aufmerksamkeit auf sich ziehen und so gab es nichts mehr für mich zu tun. Wegen dieses Fehlschlags ging ich jedoch trotzdem in mich. Vielleicht war ich zu dieser Zeit ein Instrument, sie zur Vernunft zu bringen, als sie damit fortfuhr, bei verschiedensten Leuten um Hilfe nachzusuchen, obwohl sie tatsächlich sich selbst hätte heilen können.

Ich benutze diese Geschichten, um die Möglichkeiten zu illustrieren, die in allen von uns liegen. Immer wenn ich mich an diese Ereignisse erinnere, werde ich wieder mit meiner Verantwortlichkeit konfrontiert – eine Verantwortung, die wir alle haben, da wir als Menschen geboren sind und deshalb potentielle Heilkräfte in uns haben.

Eines Tages rief mich eine Frau an, die sagte, ihr Mann sei sehr krank. Er war in seinen späten siebziger Jahren. Ich bat beide, zu einem Gespräch zu mir zu kommen. Während unserer Konversation wurde mir eindeutig klar, daß der Krebs so fest in ihm saß, daß weder mit orthodoxen noch unorthodoxen Heilmethoden wenig für ihn getan werden konnte. Nachdem ich mir die drei Fragen gestellt hatte, sagte ich ihnen, daß ich alles tun würde, was unter diesen Umständen möglich wäre. Der Mann befand sich bereits im Endstadium seiner Krankheit. Seine Frau erzählte mir alle Einzelheiten. Am wichtigsten aber war für mich, daß ich zu dieser Zeit eine tiefe innere Verbindung mit ihm auf der Seelenebene herstellen konnte, die ihm half, seine Angst zu überwinden und dem Tod ins Auge zu sehen.

Ein paar Tage lang hörte ich nichts mehr von ihnen, und dann erhielt ich einen Anruf von seiner Frau. Sie sagte, ihr Mann hätte darum gebeten, mich noch einmal besuchen zu dürfen. Er kam sehr geschwächt an und meine Frau und ich halfen ihm aus dem Auto. Nachdem wir bei einer Tasse Tee zusammen saßen, sagte er nach einer Weile, als sie sich etwas entspannt hatten: »Ich kam nur hierher, um auf Wiedersehen zu sagen.« Wir hielten unsere Hände für einen Augenblick. Seine Frau war ruhig und das Zimmer war mit Frieden erfüllt. Ich kann mich immer noch an sein Gesicht erinnern. Es war ein Gesicht, das das Leben und den Tod als eine Einheit angenommen hatte. Am nächsten Tag teilte uns seine Frau mit, daß er friedlich und ohne Schmerzen gestorben sei.

Sind wir nicht hier um zu heilen? Was hatte ich getan? Ich hatte ihm ein Wissen vermittelt, das so wichtig und vital in unserem Leben ist, nämlich das Wissen, daß er geliebt wurde.

Die Heilung des Landes

Wenn der Zweck des Lebens auf der Erde die bewußte Evolution der Menschheit und des Planeten zum Ziel hat, dann dürfen wir nicht vergessen, daß genauso wie wir heilend wirken sollten und der Heilung bedürfen, auch der Planet bewußte menschliche Wesen benötigt, um die überflüssigen Leiden, deren Zeuge er war, aufzulösen. Wir haben oft Angst davor, unsere Sensibilität zu verstärken, weil wir den inneren Schmerz fühlen, wenn wir plötzlich das Leid wahrnehmen, das zugefügt wurde. Doch jetzt ist die Zeit, da wir einfach zu unserer Verantwortung aufwachen müssen. Es ist leicht, den Tatsachen auszuweichen, indem wir sagen, es sei eine übermenschliche Arbeit, mit der Verschwendung, der Umweltverschmutzung und allen anderen entsetzlichen Dingen aufzuhören, die wir unseren Städten, Bergen, Flüssen und sogar Ozeanen angetan haben. Ich bin jedoch sicher, daß wir mit dem vorhandenen Wissen und einem offenem Herz immer Wege finden werden, um hilfreich zu sein.

Heutzutage müssen wir nur aus dem Fenster sehen, um dem Chaos gewahr zu werden, das wir erzeugt haben. Wir sehen die Telefonmasten mit ihren hängenden Drähten, die Hochspannungsleitungen und Strommasten. Es wurde inzwischen wissenschaftlich bewiesen, daß diese Strukturen elektromagnetische Felder erzeugen, die den Willen und die Psyche der Menschen beeinflussen, aber auch alle anderen Geschöpfe und Pflanzen. Sind wir bereit, aus diesem Chaos wieder eine Ordnung herzustellen?

Vielleicht war diese ganze Verwüstung notwendig, damit

wir der Tatsache bewußt wurden, daß wir die Treuhänder unseres Planeten sind, so wie wir auch die Pfleger des Landes sind, das wir scheinbar ›besitzen‹. Wir sind die Verwalter dieses vorbeifließenden Lebens. Wir können das Land nicht mit uns nehmen, wenn wir sterben, doch wir können eine gute Arbeit leisten, indem wir es für unsere Kinder und Kindeskinder in Ordnung halten.

Sehr häufig vergessen wir die Verbundenheit allen Lebens und die Tatsache, daß wie in einem Hologramm unser Heim und das Land, auf dem wir leben, Teil und Stück des Ganzen ist, das es sozusagen repräsentiert. Schönheit ist genauso ansteckend wie die Liebe. Die Sorgfalt, die wir Gottes Schönheit in unseren Höfen und Gärten angedeihen lassen, wird nicht unbemerkt bleiben. Vielleicht wird der Anblick einer Narzisse oder einer Rosenblüte in unserem Garten beim Nachbarn das erwecken, was er einst wußte, jedoch vergessen hatte, und inspiriert ihn vielleicht dadurch, einen eigenen Garten anzulegen. Auf diese Weise kann ein ganzes Dorf geheilt werden; denn es entsteht nicht nur Harmonie durch blühende Rosen, farbenprächtige Blumen- und Kräutergärten und frischen Gemüsebeeten, es erzeugt auch Harmonie in den Seelen jener, die auf dem Land arbeiten. Die Erde gibt uns die ganze Aufmerksamkeit, die wir ihr widmen, hundertfach zurück.

Wir können aus dem lernen, was in der Vergangenheit nützlich war. Ein Beispiel sind manche Landhäuser und Anwesen, die sich früher reiche Aristokraten bauten. Häufig wurden die Häuser und Landschlösser unter Beachtung richtiger Proportionen und Lagen gebaut, und der Landschaftsgärtner arbeitete mit dem Architekten und Bauherren zusammen, so daß jeder Aspekt des Anwesens miteinander verbunden war. Blumen- und Gemüsebeete wurden in bestimmten geometrischen Formen angelegt, um einen ›harmonischen Klang‹ zu erzielen. Wenn man heute in einem alten Rosengarten eines Anwesens aus dem 17. Jahrhundert sitzt und den Vögeln, Schmetterlingen und Bienen zuschaut, kann man nicht umhin, voller Ehrfurcht über Gottes Schönheit erfüllt zu werden. In China wurde die Beachtung der Ordnung und des Gleichgewichts durch die alte Kunst Feng Shui vermittelt, die auf einer Beziehung zwischen dem Land, den Gebäuden und der menschlichen Psyche beruhte. In England ist dieses Wissen auch als Geomantie bekannt und wurde durch die keltischen und druidischen Überlieferungen weitergeführt, während in Amerika die eingeborenen Völker mit ihrem Verstehen die Hüter des Landes waren.

Während meines ganzen Lebens wurden mir Gelegenheiten gegeben, über die Heilung des Landes zu lernen. Da ich in der Schönheit der englischen Landstriche aufgewachsen bin, gewann ich schon früh ein Gefühl für die Harmonie, wie ich anfangs erwähnte. Später lernte ich durch meine Arbeit mit den Druiden noch mehr hinzu.

Es gibt wenig Literatur über die Druiden, und diese berichtet hauptsächlich über äußere Geschehnisse. Ihre inneren Geheimnisse wurden vor neugierigen Augen verborgen, und die Uneingeweihten hätten sowieso nicht gewußt, was sie mit dem heiligen Wissen anfangen sollten. Die Druiden wissen sehr viel über Schönheit und Harmonie und wie diese in der richtigen Proportion gehalten werden können. Sie verstehen das unsichtbare Webmuster der allgegenwärtigen Energie und können mit den ›Ley-Linien‹ arbeiten, die in den unsichtbaren elektro-magnetischen Kraftfeldern liegen, welche die Erde überziehen. Die ›Ley-Linien‹ wurden ursprünglich auf eine bestimmte Weise benutzt, um einen Kraftfluß an Orten wie Stonehenge in England herzustellen. Aus verschiedenen Gründen wurden sämtliche herrschaftlichen Häuser auf ihnen gebaut. Heilige Gebäude wie Kirchen und Kathedralen wurden häufig auf die Kreuzpunkte von drei ›Ley-Linien‹ gebaut. Heute kommt das Wissen der Druiden zurück, obwohl es immer noch nicht für so selbstverständlich angenommen wird, wie in früheren Jahrhunderten.

Die druidischen Eingeweihten nahmen mich mit und zeigten mir, welche Gebäude an der richtigen Stelle erbaut wurden und welche an der falschen Stelle standen. Sie konnten erklären, warum im einen Haus die Leute glücklich waren und die Kinder fröhlich aufwuchsen, während es in anderen Häusern Ärger, Bitterkeit, Sorgen und Angst gab. Sie baten mich und andere nichts vorzugeben, sondern zu versuchen, die Hintergründe zu verstehen, so daß wir wirklich von Dienst sein konnten. Manchmal stellten sie Felsen an bestimmten Stellen auf dem Land auf und sagten, das würde helfen, die Umgebung ins Gleichgewicht zu bringen. Ein anderes Mal schlugen sie vor, Bäume an bestimmten Stellen anzupflanzen, wo sie abgeholzt worden waren. »Schließlich,« sagten sie, »brauchen wir Sauerstoff in der Atmosphäre, nicht wahr?«

Zu bestimmten Tagen des Jahres, besonders an den Sonnenwenden, versammelten sich die Druiden an heiligen Plätzen, um die Rituale auszuführen, die schon seit Tausenden von Jahren praktiziert wurden. Als ich das erste Mal in Amerika mit indianischen Ritualen in Kontakt kam, stellte ich fest, daß diese erstaunlicherweise denen der Druiden ähnlich waren. Es wird gesagt, daß die Druiden und Kelten schon um 2000 bis 1400 Jahren v.Chr. nach Amerika kamen, doch das Wissen, das sie mitbrachten, wurde weitgehendst verloren. Echtes Wissen stirbt jedoch nicht, obwohl es manchmal unter einen farbenprächtigen Teppich gekehrt wird. Früher oder später verblaßt der Teppich und wenn er aufgehoben wird, liegt das Wissen immer noch für diejenigen da, die wahrhaft daran interessiert sind.

Die Erde offenbarte mir einige ihrer Geheimnisse, als ich ein

Navigationsoffizier bei der Marine war. Während einer ruhigen Nacht war es ehrfurchtsgebietend, bei meinen Ortungen die Milliarden von Sternen in ihren richtigen Mustern wahrzunehmen. Ich erkannte dann, daß jeder Planet und vielleicht auch jeder Stern seinen Einfluß auf uns hat, genauso wie der Mond die Gezeiten bestimmt und die Sonne der Erde das Leben gibt. Es wurde mir unmöglich, das Leben für selbstverständlich zu halten.

Ich entschloß mich, alles zu lernen, was helfen könnte, die Ordnung dort wiederherzustellen, wo Schmerz und Leiden herrschen, und die menschliche Gier aufzulösen, denn Gebäude, die an die falschen Stellen gebaut werden, haben einen gegenteiligen Effekt auf das umgebende Gebiet. Je mehr ich über all diese Dinge nachdachte, desto mehr fühlte ich mich zu bestimmten Menschen hingezogen, die über dieses Wissen verfügten. Während dieser Periode fand ich heraus, daß ich die natürliche Fähigkeit hatte, Wasser aufzuspüren, und ich schaffte es auch, diese Kunst auf andere Bereiche auszudehnen. Ein »Rutengänger« ist nicht nur auf Wasser beschränkt, sondern kann viele andere Dinge herausfinden. Er kann zum Beispiel die Proportionen messen, die sich am harmonischsten für das jeweilige Gebäude auswirken, und dann ihre Beziehungen zu den natürlichen Formen und Konturen des Landes herausfinden.

Einer der Menschen, die ich traf, war ein Eingeweihter der zarathustrischen Religion. Schon in seiner frühen Kindheit kam er in Kontakt mit der Magie der Naturordnung und war ein ausgezeichneter Rutengänger. Er übte eine Kunst aus, die Teil seines Berufes war; ich bezeichne sie als ›Erdakupunktur‹. Es ist die Kunst, die natürlich fließenden Linien (Ley-Linien) für bestimmte Zwecke zu kontrollieren. Mit dieser Methode war er fähig, Brüche in einer Ley-Linie zu reparieren oder einen negativen Wirbel umzupolen.

Die Erde hat ein Erinnerungsvermögen und jeder Gewaltakt auf unserer Mutter Erde wird registriert. Wir alle kennen sicher dieses seltsame Gefühl, wenn wir irgendwo hingehen und spüren, daß etwas nicht stimmt. Tagebau von Rohstoffen führt bei mir immer zu einem kribbelnden Gefühl im Solar Plexus und zu einem Verlangen, so schnell wie möglich aus dieser Gegend zu fliehen. Ein anderes Beispiel ist Glencoe, das auf den Hochebenen von Schottland liegt, wo ein geschichtsträchtiges Massaker stattfand. Obwohl man durch das Glen fahren muß, wenn man zu den westlichen Hochebenen und den Hebriden kommen will, halten sehr wenige Leute dort an. Einige berichteten, die Geräusche des Massakers, die Kanonen, Gewehre und das Klirren des Stahls noch zu hören, und sie könnten sogar das Blut riechen.

Auf und in unserem Planeten gibt es Meridiane, die eine ähnliche Funktion haben wie die Meridiane im menschlichen Körper. Wenn es aufgrund einer Krankheit oder wegen einer Schwäche eine Disharmonie im Körper gibt, versucht ein Akupunkteur sein Bestes, um die blockierte Energie durch Nadelstiche an den entsprechenden Punkten wieder in den richtigen Fluß zu bringen. Auf diesem Gebiet gibt es einige außerordentliche Heilungen. Auf gleiche Weise wie ein Akupunkteur kann auch ein Geomant dazu beitragen, die Harmonie in das Land zurückzubringen, und die langanhaltenden Wirkungen menschlicher Fehler aufzuheben.

Es gibt verschiedene Methoden, mit denen ein Geomant arbeitet. Im Gegensatz zu den winzigen Nadeln der traditionellen Akupunktur benutze ich 45-cm-lange Eisenstäbe mit Kupferüberzug, die an bestimmten Stellen und aus unterschiedlichen Gründen in den Boden gesteckt werden. Eisen repräsentiert den Mars, ein maskulines Prinzip, Kupfer ist das Metall der Venus, des femininen Prinzips. So entsteht eine schöne Verschmelzung von männlich und weiblich, yin und yang, positiv und negativ.

Ich möchte nun einige Fallbeispiele aus der Geomantie schildern, der Wissenschaft der Erdenergien, mit der ich lange Zeit gearbeitet habe.

Im ersten Fall lebte ein junges Paar, das glücklich verheiratet war und ein kleines Kind hatte, in einem ehemaligen Landarbeiter-Cottage auf dem Anwesen vom Vater des Mannes. Das Haupthaus des Anwesens war Mitte des 17.Jahrhunderts erbaut worden und die Familie lebte viele Generationen dort. Es gab immer ein Gefühl der Sicherheit, des Friedens und der Harmonie, die jeder spüren konnte. Dann passierte plötzlich etwas, was dies alles veränderte.

Bei der Geomantie achtet man auf die Zeichen und Umstände, die uns die erforderliche Information geben, damit wir helfen können. In diesem Fall ging der Kochherd der Familie eines Tages in Flammen auf. Dieser Kochherd ist in England weitverbreitet und von hoher Qualität, ausgesprochen zuverlässig und verbrennt nur feste Brennstoffe – und explodiert nicht einfach! Die Wohnung des jungen Paares war verwüstet, und von der Küche blieb nur noch wenig übrig. Das ganze wertvolle Geschirr war zerstört.

Eine Zeitlang beruhigten sich die Dinge wieder, doch das Paar sagte, daß sie zunehmend eine bestimmte Spannung zwischen sich wahrnahmen; ein Gefühl des Mißtrauens entstand. Bald danach geschah der nächste Schock. Sie verbrachten bei Freunden ein Wochenende und als sie in ihr Haus zurückkehrten, war es überflutet. Wiederum verloren sie eine Menge ihres Hab und Gutes und es war sehr schwer für sie, dies zu ertragen, weil sie sehr daran hingen. Der Klempner fand heraus, daß keine Rohre geborsten und auch die Hauptleitung unbeschädigt war. Sie riefen dann die lokale Verwaltung und die Wasserversorgung an, die nach einigem Zögern zugab, daß ein in der Nähe fließender unterirdischer

Fluß plötzlich aus seinem normalen Bett ausgebrochen war und diese Überflutung verursacht hatte. Man mußte einen Graben ziehen, damit das Wasser abfließen konnte. Nachdem der Schlamm aus dem Haus geschafft und die Möbel wieder gesäubert und trocken waren, kehrte wieder Normalität ein. Aber nur scheinbar. Denn zu dieser Zeit stritt sich das Paar ständig, das Kind wurde zusehends unzufriedener, schrie ständig und erkältete sich fortwährend. Es war eine elende Situation.

Eines Tages hörte das Paar durch Bekannte über meine Arbeit als Geomant und nahm Kontakt mit mir in London auf. Ich bat sie, mir die ganzen Einzelheiten der Geschehnisse zu schildern und eine große Karte der Umgebung beizufügen. Ich erklärte ihnen, daß alles miteinander zusammenhängt und die Ursache der Situation vielleicht kilometerweit entfernt liegen könne. Als ich die Karte erhielt, erkannte ich mit Hilfe eines Pendels, daß es in einer Entfernung von ungefähr 7 km nordwestlich ihres Hauses eine gewaltsam umgekehrte Spirale gab. An dieser Stelle war kein Ort oder Dorf und ich war neugierig darauf herauszufinden, was diesen negativen Wirbel verursacht haben könnte. So machte ich einen Termin mit ihnen aus, um die Umgebung zu besichtigen. Wir suchten gemeinsam nach der besagten Stelle, die ich auf der Karte ausfindig gemacht hatte. Bald war mir klar, was die Ursache des Ungleichgewichts war.

Im 16. und 17. Jahrhundert wurden Zehntscheuern errichtet, wo das Getreide und die Produkte der örtlichen Pachtbauern, die sie als Pacht bezahlten, gelagert wurden. Die Scheuern wurden immer an den Stellen gebaut, wo sich drei Ley-Linien kreuzten, weil dort eine machtvolle Energiekonzentration herrschte. Diese bewirkte, daß das Getreide für eine lange Zeit haltbar war, was sonst nicht möglich gewesen wäre, wenn die Zehntscheuern woanders gebaut worden wären. Diese Scheuern wurden so für einen bestimmten Zweck erbaut, wie Kirchen und Kathedralen aus religiösen Zwecken auch an besonderen Erdpunkten gebaut wurden.

In diesem besonderen Fall hatte ein reicher Geschäftsmann aus London eine ehemalige Zehntscheuer gekauft, die genau da stand, wo ich das Problem gefunden hatte, um sie als ein Landhaus für Wochenendparties zu benutzen. Selbstverständlich brauchte er ein Fundament, und da Scheuern innen nur Erdboden haben, mußte ein dicker Betonboden hinein. Außerdem wurden Stahlträger eingelassen und Wasserrohre und elektrische Leitungen gelegt werden, alles Dinge, die früher in einem solchen Gebäude nicht vorhanden waren. Das schlimmste jedoch war, daß der gesamte Umbau dazu führte, den Fluß der drei Energielinien, die dem Cottage und dem Haupthaus in 7 km Entfernung lebensspendende Energie gaben, blockiert war. Die Harmonie des Landes drehte sich um.

Ich nahm 14 Stäbe und steckte sie in einem bestimmten Muster um die umgebaute Scheuer. Dadurch konnte ich die Ley-Linie von einer Seite der Scheuer aufnehmen und sie zur anderen Seite herumführen, was ihren Fluß wiederherstellte. Es dauerte nicht mehr lange bis, wieder Frieden in das Haus und bei dem jungen Paar einkehrte.

Ein weiteres Beispiel ist ein Amerikaner, der mit seiner Frau und fünf Kindern eine große Farm im Westen von England kaufte. Der Mann, der ursprünglich als Experte des englischen Mittelalters auf einer Universität in Neu-England (USA) ausgebildet worden war, mußte die Landwirtschaft hauptsächlich aus Büchern erlernen, konnte sich aber auf das Wissen seiner Frau stützen, die auf dem Land geboren und aufgewachsen war. Außerdem machten sie sich daran, den Bauernhof zu restaurieren. Sie vermehrten den Viehbestand und die Herde von Jersey-Kühen auf die Anzahl von 85 Kühen. Plötzlich –

wiederum ohne offensichtlichen Grund – entwickelte jede neue Kuh, die zur Herde kam, Tuberkulose. Ich wurde gerufen, um eventuell das Problem mit Hilfe der Geomantie zu lösen.

Es dauerte nicht lange, bis ich entdeckte, daß es in den Boxen eine negative Spirale oder einen umgekehrt drehenden Wirbel gab, wo die Kühe standen, bevor sie gemolken wurden. Oberflächlich war nichts Ungewöhnliches zu sehen. Die Kühe standen an ihren üblichen Plätzen. Es war ein warmer Tag im Frühsommer in einem der schönsten Gebiete Englands, doch ich spürte, daß irgendetwas nicht stimmte. Mit sorgfältigen Rutengängen fand ich die genaue Stelle, wo die negative Strahlung existierte und fragte den Farmer und seine Frau, ob irgendetwas in der Nähe dieser Stelle vor kurzem geschehen sei. Anfänglich konnten sie sich an nichts Ungewöhnliches erinnern, doch dann erwähnte die Frau, daß sie den Stall verändert hatten, indem sie den Boden an dem Platz zementiert hatten, wo die Kühe vor dem Melken standen.

Das Haus und die Farm waren im 15.Jahrhundert gebaut worden, als noch kein Beton benutzt worden war. Zu jener Zeit wurden noch Steine benutzt. In diesem Fall hatte der Beton die Energielinien blockiert, was zur Erkrankung der Jerseykühe führte. Ich machte eine Vorrichtung, um die Ley-Linien zu befreien und die Farm kam wieder in Ordnung. Drei Wochen später ging die Familie auf den Markt und kaufte neues Vieh für die Herde. Mit dem Tuberkulose-Virus hatten sie keine Probleme mehr.

Ich dachte, ich hätte der Familie die Grundzüge der Geomantie vermittelt, doch offenbar versprach ich mir zuviel – außer daß ich der Herde geholfen hatte. Ich erhielt einen anderen Brief. Dieses Mal war es ihr schöner, ausgereifter Apfelbaum-Garten, der zu verrotten und abzusterben drohte. Den Grund dafür konnten sie nicht sagen, und den Rat, die sie bis zu dem Zeitpunkt erhalten hatten, half nicht weiter. Ich bat um eine Karte der Gegend und fand die negativen Spiralen. In diesem Falle ging ein unterirdischer Strom mit einer negativen Energiepolung durch den Garten. So mußte ich wieder zu diesem Hof im Westen fahren.

Als ich den Hügel ihrer wunderschönen Farm hinaufging, kam ich zu einem Feldweg, der am Hügel entlanglief. An einem Punkt wurde ich zu einem freien Platz auf dem Feld angezogen. Alles fühlte sich seltsam an. Nachdem ich zum Hof zurückgekehrt war, bat ich die Leute, mich zu dem Platz zu begleiten; vielleicht konnten sie mir eine Erklärung für mein Gefühl geben. Es stellte sich heraus, daß sie ein altes Häuschen in der Nähe des Platzes für einen neuen Verwalter renoviert hatten. Im Garten dieses kleinen Landhauses war ein römischer Brunnen. Die Römer wußten eine ganze Menge über Wasser! Jeder ihrer Brunnen war auf den Ley-Linien gegraben und alle waren miteinander verbunden. Der Farmer hatte, um Geld zu sparen (oder vielleicht weil er zu geizig war), das Abwasserrohr in den römischen Brunnen eingelassen, anstatt eine Klärgrube zu bauen, die in England viel Zeit für die erforderlichen Genehmigungen und einiges Geld gekostet hätte.

Was war geschehen? Der natürliche Fluß des Wassers aus dem Brunnen, der seit Mitte des 19. Jahrhunderts nicht mehr benutzt wurde, war durch das Abwasser verunreinigt worden. Ursprünglich war es reines Wasser gewesen und hatte die Apfelbäume am Fuße des Hügels mit Wasser versorgt. In diesem Fall kam ich zu spät. Es gab nichts, was ich tun konnte. Die Bäume mußten leider alle sterben. Einige Jahre später kam ich noch einmal zu dieser Farm und hörte, daß schließlich eine ordentliche Klärgrube am richtigen Platz eingebaut worden war; außerdem hatte er einen neuen Garten mit Apfelbäumen angelegt, der nun gut gedieh.

Als ich in Amerika war, hielt ich in Los Angeles ein Wochenendseminar über Geomantie mit 35 Teilnehmern ab. Am Sonntag nahm ich sie alle mit in den Park, um die Grundlagen zu demonstrieren, die ich lehrte. Ich betonte, wie wichtig es sei, die Erlaubnis der Eigentümer eines Besitzes zu erhalten, bevor man an die geomantische Arbeit ging. War es ein öffentlicher Besitz, war keine Erlaubnis erforderlich. Wir hatten nicht daran gedacht, daß es Sonntag war. Deshalb waren wir überrascht, sehr viele Menschen im Park anzutreffen und mußten sozusagen ›unsichtbar‹ bleiben, damit wir nicht zuviel Aufmerksamkeit auf uns zogen. Nach einem Picknick führte ich die Gruppe zu einem verlassenen Hügel und entdeckte dort eine negative Spirale. Genau an dieser Stelle war ein toter Baum, der wie vom Blitz getroffen aussah. Das ist kein ungewöhnliches Zeichen in der Geomantie. Niemand schien uns zu bemerken. Ich steckte die Eisenstäbe in den Boden, um das umgedrehte Muster umzukehren. Wir sagten ein gemeinsames Gebet und plötzlich kam ein riesiger Vogelschwarm angeflogen. Bald darauf hörten wir auch Kinder durch die Büsche lärmend ankommen. Vorher schien dieses Stück Land verdorrt und unattraktiv zu sein und wurde von keiner Menschenseele und keinem Tier benutzt. Als wir still auf der anderen Seite des Hügels hinuntergingen und zurückschauten, konnten wir die glücklichen Stimmen der Kinder und das Vogelgezwitscher hören.

Es gibt unzählige Fälle, die während meiner geomantischen Arbeit auftraten. Die meisten Fälle, die ich erzähle, scheinen sehr verschieden zu sein, doch es gibt einen gemeinsamen Nenner zwischen ihnen.

So geschah es, daß meine Familie und ich ein wunderschönes Haus auf einem Berg bei Boulder in Colorado zur Verfügung gestellt bekommen hatten. Nicht weit vom Haus entfernt gab es eine schöne Wiese, die Teil eines Staatsforstes war. Der Schnee schmolz auf dieser Höhe nicht vor Mitte Mai, und die Saison für Wanderer war nur kurz. Eine Zeitlang waren in diesem Gebiet äußerst einbringliche Goldminen. Wo immer man wanderte, fand man Rückstände von verlassenen Minen, deren Eingänge mit Holzverschlägen gesichert waren. Auf halbem Wege zu der Alm, wo es eine herrliche Sicht über die Rocky Mountains gab – eine Aussicht, die sich in die Unendlichkeit zu erstrecken schien – war eine alte ausgebrannte Hütte. Das Fundament war immer noch da, doch eine Atmosphäre der Gewalt und Traurigkeit ließ einen erstarren. Dort lagen alte verrostete Metallbetten herum, alte Bierdosen, zerbrochenes Glas und verrottete Matratzen. Ich beschloß, mit Hilfe von einigen Leuten, die bei mir studierten, diesen Platz in Ordnung zu bringen. Unser Anliegen war auch, herauszufinden, was dort geschehen war und zu entdecken, wie weit das Feuer sich ausgebreitet hatte. Ich kaufte Karten der Gegend und nach sorgfältigem Studium fand ich heraus, daß die Wirkungen der Gewalt sich ziemlich weit verbreitet und wahrscheinlich im Umkreis von fünfzig Kilometern Probleme verursacht hatten.

Ich fragte einige Leute aus der Gegend, was geschehen war. Die Bergbewohner reden im allgemeinen nicht sehr viel, und ich mußte meine Nachforschungen so geschickt anstellen, damit niemand mißtrauisch wurde. Ich fand heraus, daß die Hütte vor acht Jahren von einigen jungen Leuten bewohnt worden war. Sie hatten langes Haar und waren Teil der Bewegung der sechziger Jahre. Im gleichen Gebiet gab es auch einige gewalttätige Leute, die man als ›Rocker‹ bezeichnete. Diese versuchten damals, die jungen Leute zum Verlassen der Hütte zu zwingen, die sich diesem Ansinnen jedoch widersetzten. Eines Nachts kamen die Rocker zurück und zündeten die Hütte an. Soviel ich weiß, wurde niemand verletzt, doch das Land litt darunter.

Es lag immer noch Schnee, als wir mit Geländewagen zu diesem Ort zurückkehrten. Dann steckten wir die Eisenstäbe an der richtigen Stelle in den Boden, um den Energiefluß zu korrigieren. Wir luden das ganze Gerümpel auf und brachten es zum Schuttplatz. Mit Baumstämmen schufen wir Sitzgelegenheiten, und da wo vorher Gewalt gewesen war, entstand aus dem Chaos ein geheilter Platz. Die Wanderer werden nun von dem Platz angezogen. Vielleicht werden sie nie wissen, daß sich jemand wirklich darum gekümmert hat, mitzuhelfen, das Land zu heilen.

Ein anderes Ereignis geschah in der Nähe von Sedona in Arizona. Ein bekannter Bach schlängelte sich durch den Canyon, und verstreute, anheimelnde Häuser, die hauptsächlich von Künstlern, Touristen und Urlaubern benutzt wurden, säumten seine Ufer. Der Bach hatte einen großen Forellenbestand, der das Gebiet auch für Angler anziehend machte. In jeder Hinsicht war dieses Gebiet voller Scharm, es gab keinen sichtbaren Grund für eine Disharmonie. Doch stimmte irgendetwas nicht, besonders in einem Teil dieses Gebiets. Die Leute, die dort lebten, sprachen kaum miteinander. Sogar die Temperatur der Luft war kühler an dieser Stelle des Baches, obwohl es weder Höhenunterschiede zu den anderen Stellen, noch einen anderen Baum- oder Buschbestand gab.

Einer der Leute, die in dieser Gemeinde lebten, besuchte einen Workshop, den ich in der Stadt abhielt. Er berichtete mir über die Situation und bat mich, als Berater zu kommen, um zu sehen, ob irgendetwas getan werden könne. Wie es sich zeigte, war dies eine perfekte Gelegenheit, die vierzig Teilnehmer des Workshops zu dem Ort einzuladen, so daß sie lernen konnten, Probleme dieser Art in Ordnung zu bringen. Da wir uns bereits einen Tag lang mit Theorien der Geomantie beschäftigt hatten, stiegen wir in die Autos und fuhren zu diesem Ort, um praktische Erfahrungen zu machen.

Als erstes bat ich die Gruppe, die Umgebung zu erspüren und dabei zu versuchen, besonders mit den inneren Sinnen zu arbeiten. Sie sollten gegebenenfalls auch ihre radiästhetische Ausrüstung wie Pendel und Wünschelrute benutzen, um zu sehen, ob sie eine natürliche Unordnung erkennen könnten; dazu gehörte z.B. ob der Lauf des Flusses geändert worden war, oder ob es eine Stelle gab, an der der Blitz in einen Baum eingeschlagen hatte. Beides konnte zu einer umgekehrten Spirale führen. Es gibt sehr viele Faktoren, die man beim Rutengang beachten muß.

Wir überquerten den Fluß auf einer kleinen Brücke und besuchten das Haus des Mannes, der uns hierher gebracht hatte. Tatsächlich war die Atmosphäre sehr eigenartig, ganz anders als am anderen Ende des Baches. Verschiedene Gedanken kamen mir in den Sinn, doch keiner schien einen unmittelbaren Bezug zur Ursache der Schwierigkeiten herzustellen. Ich führte die Gruppe wieder über den Fluß zurück und wir gingen stromabwärts, bis ich die Temperaturveränderung genau spüren konnte. Ich fühlte, daß die Quelle des Problems auf der anderen Seite des Baches lag, jenseits des Platzes, wo der Pfad endete. Es wurde erforderlich, von Stein zu Stein zu hüpfen, um auf die andere Seite zu gelangen. Ich ließ die älteren Leute zurück, da der Übergang etwas schwierig war, und schaffte es aber selbst, dreimal ins Wasser zu fallen!

Ich fand die erwartete negative Spirale unter einem steilen, herabhängenden Felsen. Dieses Mal strahlte er die schrecklichste Atmosphäre von Trauer und Gewalt aus. Einige der Leute fingen an zu weinen, als ich drei Stäben nebeneinander in die Erde steckte, um die gefangene Energie zu befreien. Dabei hatte ich das klare Gefühl, daß genau an dieser Stelle jemand entweder vergewaltigt oder ermordet worden war – oder beides.

Die Wirkung unserer Operation trat sofort ein und wurde von allen Anwesenden gespürt. Sogar die Leute auf der anderen Seite des Flusses, die auf uns warteten, aber nicht sehen konnten, was geschah, erzählten uns nachher, daß sie ein tiefes, befreiendes Gefühl erlebt hätten. Die offensichtlichste Veränderung geschah mit der Lufttemperatur, die mindestens um 10 Grad anstieg. Diezuvor noch kalte, feuchte Luft wurde wieder warm, angenehm und einladend.

Ich erzählte nicht allen, was ich gesehen hatte, doch eine sensitive Engländerin aus der Gruppe sprach es aus: »Wißt ihr, es war sehr eigentümlich und ziemlich furchterregend. Alles was ich fühlte, als ich an diese Stelle kam, war der Geruch von Blut und Samen.«

Niemand wird je genau wissen, was tatsächlich dort geschehen war. Die Erinnerung wäre jedoch genau an dieser Stelle geblieben, wo das Delikt stattfand, da jede Gewalttat auf der Mutter Erde bleibend ist. Später erhielt ich einen Brief, in dem mir mitteilt wurde, daß es erstaunliche Veränderungen in der Gegend des Baches gegeben hätte und daß die Leute jetzt weit freundlicher zueinander wären. Die Wirkungen der Arbeit blieben bis heute erhalten.

Praktische »Hausarbeit«

Kein Buch über das Heilen wäre vollständig, ohne der Gastfreundschaft und dem Gast ein Kapitel zu widmen. Wir nehmen in unserem Leben so viel für selbstverständlich, daß es leicht ist zu vergessen, was für ein Privileg es ist, einen Gast zu haben, mit dem wir eine Mahlzeit teilen oder dem wir ein Bett für die Nacht anbieten. In vergangenen Zeiten wurde der Gast beinahe für wichtiger gehalten als sonst etwas; deshalb war das Haus immer auf einen Besuch vorbereitet. Vor der Erfindung des Telefons konnte man kaum wissen, ob oder wann ein Gast eintreffen würde, und so war nicht nur ein Raum vorbereitet, in dem das Bett einen sauberen Bettbezug hatte und Blumen und ein Gefäß mit frischem Wasser auf dem Tisch standen, sondern es wurde sogar ein Platz am Eßtisch freigehalten, falls ein Gast zum Mahl eintreffen würde.

Der wahre Grund für diese besondere Aufmerksamkeit lag nicht im blinden Aberglauben, sondern stammte vielmehr aus der Voraussicht, daß wir nie genau wissen können, wer unser Gast sein wird. Die körperliche Gestalt ist sozusagen nur ein Vehikel, und sogar wenn wir die kommende Person kennen, können wir nicht genau wissen, was sie bringt. Vielleicht bringt sie eine Botschaft von äußerster Wichtigkeit, die uns helfen kann, etwas zu verstehen, was uns lange beschäftigte, oder vielleicht wird der Gast ein Repräsentant des Führers sein, der alle Sucher auf dem Pfad der Wahrheit leitet. Elias in der Bibel soll ein derartiger Führer gewesen sein.

In vielen Kulturen findet man Hinweise auf diesen eigentümlichen Menschen, der auf mysteriöse Weise erscheint und ebenso schnell wieder verschwindet. Wenn wir in diesem Augenblick wach sind, können wir das hören, was wir hören müssen. Wenn wir schlafen, geht er fort, ohne daß wir etwas gehört haben, und wir haben dann in unserer Rolle versagt, selbst eine Gastgeberin oder ein Gastgeber des Augenblicks selbst gewesen zu sein. Wir sind hier, um Gastgeber für den Augenblick zu sein, genauso wie unser Haus dafür da ist, Gäste zu empfangen.

Aus diesen alten Überlieferungen kamen bestimmte Rituale und auch eine bestimmte Haltung. Ich habe das Gefühl, daß diese Verhaltensweisen heute nicht nur immer noch relevant sind, sondern auch von uns praktiziert werden sollten, wenn wir wirklich von Dienst sein wollen. Wenn wir die Situation umkehren können und darüber nachdenken, wie wir behandelt werden möchten, wenn wir auf Reisen sind und jemanden besuchen, ist es leichter zu verstehen, was der Gast vielleicht braucht.

Je weiter wir auf unserem Weg kommen, desto sensibler werden wir. Es ist erstaunlich, welche Schwingungen in einem Zimmer unabsichtlich von den Leuten hinterlassen werden können, die sich im Raum aufgehalten haben. Ärger, Kummer, Angst und andere negative Emotionen können sehr lange in einem Zimmer haften bleiben, wenn man nicht lüftet oder keinen wirklichen Respekt für denjenigen hat, der zu Besuch kommt. Der Gast ist derjenige, der unter der Würdelosigkeit eines Zimmers zu leiden hat, das nicht ordentlich gereinigt wurde.

Ein Heim ist auch ein Heiler, wenn wir genauer hinsehen. Was für ein wunderbares Gefühl ist es, nach einer langen Reise im Haus eines Freundes anzukommen, oder in einem guten Hotel, wo es ein Zimmer gibt, das uns willkommen heißt mit einem Kaminfeuer, sauberer Bettwäsche, frischer Seife im Badezimmer, sauberen Handtüchern, die nach frischer Luft riechen und einer heißen Wärmflasche im kalten Winter. Sehr viele unserer Spannungen lösen sich auf, wenn wir wissen, daß wir geliebt werden und sich jemand um uns kümmert, so daß wir uns für eine Weile ausruhen können. Dennoch werden diese einfachen Regeln heute kaum noch gelehrt, und das Fußballspiel im Fernsehen scheint Vorrang vor dem Gast zu haben. Obwohl es richtig ist zu sagen, daß wir alle ein wenig Zeit und Raum für uns selbst benötigen, können wir als Heiler dennoch großzügig mit unserem Raum und unserer Zeit umgehen, weil wir folgendes verstanden haben: je mehr wir geben, desto weniger brauchen wir für uns selbst. In Wirklichkeit können wir weder Zeit noch Raum besitzen, sondern sind nur deren Treuhänder und Gastgeber.

Gedankenformen sind ein eigenartiges Phänomen. Sie erscheinen nicht einfach in der Atmosphäre und verschwinden dann genauso schnell. Gedankenformen bleiben und ziehen ähnliche Gedankenformen an, bis sie erlöst werden. Ein Zimmer voll Gewissensbissen wird solche ebenso anziehen, wie ein mit Ärger erfülltes Zimmer den Ärger anzieht.

Es gibt Methoden, ein Zimmer von unerwünschten Gedanken sauber zu halten, so daß ein reines und echtes Willkommen vom Gast gefühlt werden kann. Der erste Schritt dazu ist, unser Heim in guter Ordnung zu halten. Wenn Ordnung in einem Zimmer herrscht, wird es kein Chaos anziehen. Eine Küche ist ein gutes Beispiel dafür. Wenn dort eine gute Hausfrau (oder Hausmann) herrscht, wird die Küche so sauber wie ein Badezimmer sein, und eine Ordnung wird vorherrschen, in der alles für das Mahl eines Gastes vorbereitet ist. Dort wird der Einzelheit so viel Aufmerksamkeit geschenkt, wie sie ein Künstler seinen Farben und Pinseln zukommen läßt. Das Essen wurde durch bewußtes Einkaufen sorgfältig ausgewählt, und nachdem es zubereitet ist, wird es auf die richtige Weise serviert. Wenn der Koch in schlechter

Stimmung ist, geht diese Ausstrahlung ins Essen; das kann sogar eine Krankheit verursachen. Die liebevolle Sorgfalt ist die Grundlage einer angenehmen Ordnung für den Gast.

Genauso wie wir die Kunst lernen können, einen Gast zu empfangen, so können wir auch anfangen, die Verantwortung zu verstehen, selbst Gast zu sein. Wenn wir das Haus oder ein Zimmer von jemandem betreten, ist es wichtig, daß wir unseren eigenen Schmerz hinter uns lassen, zumindest so lange, bis wir aufgefordert werden, diesen vorzubringen, damit uns geholfen werden kann. So entstand die alte Idee, die mit dem »Übertreten der Schwelle« verbunden ist. Ich halte immer für einen kurzen Augenblick an, bevor ich eine Tür öffne, um mich innerlich zu sammeln. Dann trete ich über die Schwelle, nicht auf sie.

Es gibt noch eine andere Überlieferung, die beinahe in Vergessenheit geraten ist, und die mit Raum und Zeit zu tun hat. Genauso wie wir für unseren Raum verantwortlich sind, so sind wir auch für das korrekte ›timing‹ (Pünktlichkeit im Sinne des rechten Zeitpunkts für eine Sache) verantwortlich. Es gibt Tagesgedanken und Nachtgedanken, die sich voneinander unterscheiden. Wenn wir das verstehen, richten wir den Frühstückstisch schon abends, bevor wir schlafen gehen; auf diese Weise haben wir nicht nur mehr Zeit am Morgen, sondern werden auch besser auf ihn vorbereitet sein. All das hat mit der richtigen Visualisierung, den klaren Absichten und der liebevollen Aufmerksamkeit für jedes Detail zu tun. Vielleicht kommt gerade Elias zur Tür herein, wenn wir noch im Morgenrock dastehen, ohne gedeckten Tisch und ohne einen Plan für die erste Mahlzeit des Tages! Was dann?

Im Verständnis der Ordnung ist es wichtig, sich darüber klarzuwerden, daß jedes Zimmer im Haus seine besondere Funktion hat. Das Haus selbst ist eine Einheit, und jedes Zimmer des Hauses – das gleichzeitig seinem jeweiligen

Zweck dient – ist mit jedem anderen Raum verbunden. Das wird oft vergessen. Das Badezimmer wird selten als wesentlichen Teil des Transformationsprozesses angesehen. Ebenso wird die Küche nicht für ihren wahren Zweck respektiert. Die Leute gehen völlig schlafend in die Küche, ignorieren die Sauberkeit und Konzentration, die wesentlich für die Vorbereitung eines guten Mahls für den Gast ist. Auch ein Schlafzimmer sollte für den Zweck benutzt werden, für den es vorgesehen ist, nicht für Massage, Heilung oder Therapie. Es ist kein Wunder, warum manche Leute so seltsame Träume haben! Ein Schlafzimmer im eigentlichen Sinne ist ein Raum, in dem ein Bett zum Schlafen steht. Dort führt man keine wissenschaftlichen Experimente durch oder kocht eine Mahlzeit. Das Schlafzimmer ist genauso heilig wie jedes andere Zimmer und hat seine eigene Funktion. Das Gästezimmer ist für den Gast und das Schlafzimmer ist für den Gastgeber/in. Wenn wir die Räume unseres Hauses mit Sorgfalt gestalten, wird die Qualität ihrer jeweiligen Funktion verstärkt. Weil das Heim eine Einheit ist, wird die Unordnung in einem Zimmer folglich das Ganze beeinträchtigen.

Das Heim ist eine Ausdehnung von uns selbst. Wenn wir in einer Welt falschen Glanzes leben, werden wir dies in unserem Haus reproduzieren. Wenn wir Sorge für unsere Kinder und Kindeskinder tragen, wird dieser falsche Glanz wenig für uns bedeuten. Wenn wir in einer Welt sanfter Harmonie und Ordnung leben, werden wir dies auch in unserer Umgebung manifestieren. Ein Kind wird sich an die Umgebung erinnern, in der es geboren wurde und aufwuchs. Es ist eine hervorragende Herausforderung, uns Mühe zu geben, uns an diese Tatsachen zu erinnern.

Ich wunderte mich immer, warum meine Mutter die Möbel, Regale und Wände jeden Morgen um die gleiche Zeit abstaubte. Es schien mir damals so unnötig, doch jetzt wurde dies auch zu einem Teil meines Lebens in meiner Wohnung. In Hinsicht auf den Gast waschen wir jede Wand einmal in der Woche leicht mit Rosenwasser, weil wir wissen, daß physischer Staub psychischen Staub anzieht. Wer möchte in einem Haus voller psychischer Erscheinungen leben, anstatt in einem, das durch die liebende Sorgfalt eines guten Gastgebers und einer guten Gastgeberin gepflegt wurde? Aus den Fenstern möchte man hinausblicken – deshalb sollten sie auch regelmäßig gesäubert werden. Glänzende Oberflächen ziehen Strahlung an, von der es heute eine Menge gibt, und darum ist es ratsam, den Fenstern, Plastikoberflächen, Spiegeln und allem anderen, was diesen unerwünschten Staub anzieht, Aufmerksamkeit zu schenken. Ein Spiegel wird zum Zwecke benutzt, unser eigenes Abbild zu sehen. Wenn er mit verspritzter Zahnpasta bedeckt ist, erfüllt er nicht die beabsichtigte Funktion. Alle diese Dinge klingen so einfach, doch innerhalb der schönen Verbundenheit des Lebens sind sie von Bedeutung. Unser Dienst besteht darin, diese Prinzipien nicht zu vergessen oder zu übergehen. Wenn wir das tun, sind wir wie jemand, der einen Hochzeitskuchen verschenkt, aus dem er ein Stück vorher herausgeschnitten hat.

Es gibt einige nützliche Tips, wie man ein Zimmer reinigen kann. In einigen Ländern werden Wacholderzweige im offenen Kamin oder der Feuerstelle am Ende des Tages verbrannt, um die Atmosphäre von allen herumschleichenden Gedankenformen zu säubern. In unserer Schule und unserem Haus benutzen wir eine einfachere Methode, welche dieselbe Wirkung hat. Man nimmt einen Eßlöffel voll Bittersalz (Magnesiumsulfat), streut dieses in eine Pfanne (die nicht für andere Zwecke mehr benutzt werden sollte), gießt etwas reinen Alkohol darüber, um das Salz zu befeuchten, dann zündet man diese Mischung an und geht damit im Uhrzeigersinn im Zimmer herum. Wenn Kinder krank sind, oder in jeder anderen Situation, wenn das Zimmer einer Reinigung bedarf, kann man diese einfache Methode anwenden. Wir machen das in unserem Haus als letzte Handlung am Abend und gaben dieser Aktion die Bezeichnung »das Haus schlafen zu legen.« Man kann dem Bittersalz eine kleine Menge fein zerriebener Gartenraute hinzufügen, was einen besonders guten Effekt hat, wenn Kummer und Leiden im Zimmer vorherrschte. Es gibt viele dieser alten Traditionen, und manchmal können solche Tips mehr bewirken als nur ein Erfolg bei Krankheit und Heilung.

Unser Körper besteht aus 64% Wasser, und unter Berücksichtigung dieser Tatsache sollten wir diesem Element besondere Aufmerksamkeit widmen. Die Flüssigkeiten unseres Körpers benötigen ständigen Austausch, wenn wir fit bleiben wollen und jeden Augenblick zu Diensten. Früher wurde eine Kanne mit Wasser neben das Bett gestellt und mit einem Tuch bedeckt, so daß das Wasser einerseits geschützt und dennoch mit Luft in Berührung kam. Man verstand die Wichtigkeit des Wassers. Wie viele Staubkörner schlucken wir jede Nacht? In der heutigen Zeit ist reines Wasser keine Selbstverständlichkeit mehr, und in Dankbarkeit für unser Leben sollten wir jedes Glas Wasser als etwas Heiliges betrachten.

Als Gastgeber haben wir die Verpflichtung, Sorge dafür zu tragen, daß unser Gast gutes Wasser bekommt. Vielleicht sollten wir auch solche Dinge wie eine spezielle Diät berücksichtigen, um unserem Gast besser dienen zu können. Wir sollten nichts einfach so nehmen. Ich wurde einmal nach Texas eingeladen, um ein Seminar zu leiten und einen Vortrag zu geben. Als ich bei dem Haus ankam, wo ich übernachten sollte, führte man mich in mein Zimmer, wo eine Matratze am Boden lag. Als ich für eine Weile alleine war, schaute ich mich um und erkannte sofort, daß ich auf keinen Fall hier bleiben wollte. Ich sprach ganz höflich mit jemanden, der dafür zuständig war, und erklärte, daß ich einen besseren Ort für meinen Aufenthalt benötige. Als die Sache, die mich störte, zur Sprache kam, wurde mir gesagt, daß die Matratze an genau der Stelle auf dem Boden lag, wo die Gastgeberin, eine Therapeutin, Darmspülungen mit Klienten vornahm. – So viel zum Wasser.

Unser Heim ist die Erweiterung von uns selbst, nicht nur im Innern, sondern draußen ebenfalls. Wir sind die Verwalter unseres Stück Landes, auf dem wir leben. Können wir unserem Gast den Duft einer Rose oder den Anblick eines Frühlingsgartens bieten? Wir können jeder Zeit etwas in unserem Garten haben, was uns an die Schönheit Gottes im planzlichen Reich erinnert. Sogar wenn wir in einer Stadt leben und keinen Garten haben, können wir immer Pflanzen oder Pflanzenkästen vor dem Fenster haben. »Siehe, was ich für euch geschaffen habe!« sagt Er und wir vergessen. Wir haben die Werkzeuge der Heilung in unserem Herzen, und darum in unseren Händen. Als Heiler der Welt laßt uns die Schönheit Gottes auf Erden manifestieren, auf daß wir bereit sind, den wirklichen Gast zu empfangen. »Ich war ein verborgener Schatz und sehnte mich danach, gesehen zu werden; deshalb erschuf ich die Welt, daß ich erkannt werde.« In diesen Worten liegt eine große Botschaft.

Bewußte Geburt, bewußte Sexualität und bewußter Tod

Ich möchte dieses Kapitel gerne dem Thema bewußte Geburt, bewußte Sexualität und bewußtem Tod widmen. Wenn man letztendlich dabei anlangt, was bleibt dann noch über esoterisches Heilen zu sagen? Diese drei Themen bilden die schöne Dreiheit, um die wir das weben, was wir als ›Leben‹ bezeichnen. Und wenn wir leben um zu heilen, sind wir auch hier, um wirkliche menschliche Wesen zu werden.

Heutzutage spricht jeder von natürlicher Geburt, was sicherlich ein gesundes Zeichen ist. Schließlich könnte nichts natürlicher sein als der Geburtsvorgang. Die Idee *bewußter* Geburt jedoch wird nicht oft diskutiert, möglicherweise wegen der tieferen Bedeutung des Wortes ›bewußt‹. Es ist ein Wort, das recht häufig benutzt wird, doch meiner Ansicht nach ohne das rechte Verständnis seiner Bedeutung. Im Lexikon wird das Wort bewußt als ein »bewußt sein der eigenen Existenz oder der Umwelt« umschrieben; diese Beschreibung impliziert, daß es etwas in uns gibt, das bewußt sein kann. Jeder von uns hat – auch wenn es oft in einem schlafenden Zustand ist – etwas, was als ein Beobachter in jeder Situation agieren kann. Das gilt für die innere wie dieäußere Welt gleichermaßen.

Stellen wir uns vor, daß dies alles erforderlich sein muß, um eine bewußte Geburt durchzuführen. Wer würde der »Beobachter« sein? Würde es die Mutter, der Vater, der Doktor, die Hebamme oder jemand anderes sein, der bei der Geburt anwesend ist? Könnte dieser Beobachter die unsichtbare Welt sein, deren sphärische Klänge die Geburt jedes Kindes begleiten, oder hat diese Idee noch eine andere Dimension?

Bevor wir die bewußte Geburt verstehen können, laßt uns zuerst das Bewußtsein selbst betrachten. Von allen inneren Schulen wurde zu jeder Zeit die Meinung vertreten, daß wir »Schlafwandler« seien, die auf der Bühne des Lebens existieren, bis wir eines Tages zur »wirklichen Welt« aufwachen und dann auf eine völlig andere Weise am Leben teilhaben. Natürlich muß uns zuerst klarwerden, daß wir schlafen, bevor wir den Wunsch haben können, aufzuwachen. Wie jede Art von Metamorphose kann das Erwachen schmerzhaft sein.

Bei der Geburt eines Kindes geht die Mutter durch verschieden starke Phasen des Schmerzes, den sie nur durch die Hoffnung und Freude erträgt, einem geliebten Wesen das Leben zu schenken. Auf eine ähnliche Weise werden wir in die »wirkliche Welt« geboren. Tatsächlich ist das »bewußte Leiden« im Alltagsleben eine Art des Geburtsschmerzes. Wir ertragen den physischen, emotionalen und sogar spirituellen Schmerz freudig in dem Wissen, daß er Teil des Wachstumsprozesses ist, bei dem wir aus der Dunkelheit einer Höhle in das wahre Licht aufsteigen. Jesus sagte einmal in den apokryphen Johannesakten: »Du hörtest, daß ich gelitten habe, doch ich habe nicht gelitten...«

Die wahre Heilung hat sehr viel damit zu tun, bewußt zu werden. Ein wahrer Heiler ist fähig, dem menschlichen Leben die erforderlichen Qualitäten zu geben, so daß der einzelne Mensch schließlich fähig ist, zu dem aufzuwachen, was im gegenwärtigen Augenblick geschieht, ohne von dem bestimmt zu werden, was in der Vergangenheit geschah. Eine wache Person ist frei, während eine schlafende Person immer noch an das unaufhörlich drehende Rad des Leidens gebunden ist.

»Reibe den Spiegel deines Herzens blank« ist einer der

berühmten Sufi-Sprüche, doch es ist schwierig, ein Herz »blank zu reiben«, das voller Gewissensbisse, Ärger und Bitterkeit ist. Solch ein Herz muß erst »frei« sein, und dann ist es unsere Aufgabe, es so glänzend zu machen, daß es die Bedürfnisse des Augenblicks reflektieren kann. Übungen wie bewußtes Atmen, Konzentration auf das Licht und die Visualisation der Schönheitkönnen uns helfen, die Muster der Vergangenheit zu klären, und sie sind auch ein brauchbares Mittel für die innere Reinigung, doch es liegt in unserer Verantwortung, die Arbeit selbst zu leisten. Diese kann niemand für uns tun.

Der Beobachter ist ebenso Teil von uns, wie viele andere in uns ruhenden Eigenschaften, die alle erweckt werden müssen, damit wir vollständige menschliche Wesen werden können. Wenn sich unser Lebenswille und unsere Lebensziele klären, wird der Beobachter in uns wirklich. Schließlich wird es vielleicht möglich zu sagen: »Ich bin das Beobachtende und das Beobachtete.«

Die erste Anstrengung, die wir machen müssen, um diesen Beobachter in uns herauszubilden, besteht darin, in uns mit aller Ehrlichkeit zu forschen, ob wir eine wirkliche Frage haben. Ich meine damit nicht die normalen, ausgewalzten Alltagsfragen, sondern die tieferen, grundlegenderen. Wir könnten uns zum Beispiel in jedem wachen Augenblick fragen: »Was ist der Zweck des Lebens auf der Erde?« Oder auch: »Was ist unser individueller Lebenszweck?« Oder sogar: »Haben wir überhaupt einen Zweck?« Wir alle stellten schon einmal derartige Fragen, doch meistens aus Verzweiflung, wenn uns etwas Unangenehmes, Trauriges zugestoßen ist, in Zeiten des Kummers oder der Trauer.

Um derartige Fragen zu stellen ist es notwendig, daß wir darüber Klarheit haben, was uns die Sicht behindert. Der Nebel, der uns verfolgt, muß durch ein gereinigtes Herz gehen, denn nur dann können wir eine Frage stellen, die mit bewußter Geburt, bewußter Sexualität und bewußtem Tod zu tun hat, und wobei wir gleichzeitig offen und fähig sind, eine Antwort zu empfangen.

Die Frage ist lebenswichtig. Wenn wir in der Frage leben, befinden wir uns in einem Fluß, der uns in den Ozean zurückführt, aus dem wir kamen. Es ist der schnellste Teil des Flusses, aber auch der ruhigste. Das Ziel des Heilers ist es – und wir sind alle Heiler – uns mit einer Frage und nicht einer Antwort gehen zu lassen. Genauso wie keine zwei Erfahrungen gleich sind, kann niemand die Antwort für uns selbst finden. Die Antwort wird dann unsere eigene sein und ein Teil unserer lebendigen Wirklichkeit. Es heißt, die göttliche Führung bringt uns an den Rand der Fassungslosigkeit.

Erst wenn wir erkennen, daß wir keine wirkliche Fragestellung haben, können wir daran arbeiten, eine zu finden. Anfänglich scheint es ein Leichtes zu sein, aber je mehr wir mit dem Wesen der Frage arbeiten und je tiefer wie kommen, desto mehr verstehen wir, daß es auch darum geht, von welcher inneren Stelle aus wir die Frage stellen. Wenn unsere Frage aus intellektuellen Überlegungen entsteht, werden wir entweder eine intellektuelle Antwort erhalten oder Kopfschmerzen, oder überhaupt keine Antwort. Wenn wir mit unserem beschränkten Ego-Bewußtsein fragen, werden wir nur die Macht unseres Egos vergrößern und sind in Gefahr, uns psychisch wie ein Ballon aufzublasen. Nur wenn unser gesamtes Wesen mit der Frage schwingt, die vom Herzen kommt, können wir im Laufe der Zeit und mit wachsendem Bewußtsein das Instrument in einer Symphonie werden. Mevlana Rumi, der große Sufi-Dichter und Mystiker aus dem 13. Jahrhundert sagte dazu einst: »Wir sind die Flöten, doch die Musik ist Dein.«

Wenn wir jeden Augenblick in der Frage leben, unserer

eigenen Frage, entwickelt sich langsam unser wirklicher Wille. Ralph Waldo Emerson sagte über den Willen: »Er ist der tragende Herrscher und die ausführende Kraft – der Polizeioffizier im Menschen.« Ohne Willen sind unsere Hände und Füße in den Ketten des Schicksal gebunden und wir sind selten fähig, die Bestimmung oder höhere Fügung zu umarmen, die immer mit liebender Sorge auf uns wartet. Mit Willen können wir schließlich bewußt sein.

Bewußte Geburt ist Teil des Lebenskreislaufs, den wir mit der Empfängnis beginnen; hierbei meine ich ein Paar, das während der Empfängnis bewußt ist. Häufig wissen Frauen, wenn sie empfangen haben. Manchmal sind auch Männer für diesen Augenblick wach, obwohl diese Erfahrung seltener ist, denke ich. Ich erinnere mich an ein glänzendes Licht, das den ganzen Raum erfüllte, als mein zweiter Sohn empfangen wurde. Durch den jeweiligen Grad an Gefühlsqualität im Augenblick der Empfängnis wird ein Muster für das Embryo des Kindes fixiert. Denn im Gegensatz zu einem Tier hat ein menschliches Wesen Instinkt und Bewußtsein.

Wir wollen jetzt die idealen Bedingungen für eine bewußte Geburt betrachten. Während den Monaten der Schwangerschaft fühlt die Familie eine neue Schwingungsfrequenz, und das Paar begegnet dem ungeborenen Wesen mit tiefer Achtung. Die Frau verbringt nach dem fünften Monat einen zusätzlichen Teil des Tages in Ruhe, hört ihre bevorzugte Musik, betrachtet schöne Bilder und kostet die Schönheiten ihrer Umgebung: die Blumen im Garten, die Schmetterlinge, die Vögel und die ganze wunderschöne Welt, die Gott uns geschenkt hat. Die Partner und ihre Freunde tun alles, um dafür zu sorgen, daß sie keinen Grund zur Beunruhigung hat. Sie macht ihre vorgeburtlichen Übungen, ein Zimmer wird für das erwartete Kind zurechtgemacht, und alle anderen Dinge sind vorbereitet. Die Wände sind mit Rosenwasser abgewaschen, der Raum ist so erwartend wie menschenmöglich, und schließlich kommen die Wehen.

Der Mann hat bis zu dieser Zeit an Willen gewonnen, indem er sich der Frage hingegeben hat und deshalb für den gegenwärtigen Augenblick bewußt ist. Beide, Mann und Frau, lernten den bewußten Atem und den Rhythmus des Mutteratems. Er steht während ihrer Geburt aufrecht und mit Zuversicht an ihrer rechten Seite. Eine Frau schätzt dies sehr!

Das Paar konzentriert sich nicht nur auf die Geburt des Babys, sondern ist sich auch dem Auftauchen eines Wesens bewußt, dessen Präsenz in Gestalt dieses kleinen Kindes gesehen wird. Die Bedeutung der »Zustimmung« zu diesem Wesen kann nicht oft genug betont werden, da es aus einer viel höheren Welt in diese Welt herabkommt. Es wird ein Fremder in einem fremden Land sein und benötigt die volle Anerkennung für das, was es ist; es muß willkommen geheißen werden in eine Welt der Prüfungen und Belastungen, eine Welt, die absolut notwendig für seine eigene Vervollkommnung ist. Es ist schwer, nicht sentimental zu werden, wenn ein schönes kleines Kind plötzlich bei uns ist und es ist leicht zu vergessen, daß das, was wir sehen, nur das Gefährt ist für das, was wir nicht sehen. Sentimentalität ist der größte Feind der Liebe!

Die Wehen verstärken sich, die Hebamme, der Arzt oder die Ärztin sind dabei, um bei der Geburt zu helfen, und alle arbeiten wie ein Team bei diesem großen Ereignis. Stellen wir uns vor, wie wir uns alle gefühlt hätten, wenn unsere Eltern so präsent gewesen wären, wie wir als Heiler der Welt sein müßten.

Der Augenblick kommt, das Baby wird geboren und auf den Bauch der Mutter gelegt, um sich an einen neuen Atemrhythmus und die andere Luft zu gewöhnen. Es ist zwar schon an den Mutteratem gewöhnt, aber jetzt befindet es sich in einer Welt, wo nicht jeder diese Atmung kennt, und es ist sich dessen bewußt. Es landete auf einem Planeten, und durch alle bewußten Vorbereitungen weiß es, daß es geliebt und ohne Vorbehalte willkommen geheißen wird.

Stille ist im Zimmer. Jeder Anwesende hat den Atemablauf gelernt und kann die Lichtenergie für das Kind visualisieren. Nach und nach färbt sich die Nabelschnur milchig weiß und nach einer gewissen Zeit, die bis zu vierzig Minuten dauern kann, und bis der Vater und die Hebamme fühlen, daß es soweit ist, schneidet der Vater mit vollem Bewußtsein die Nabelschnur selbst ab. Er nimmt seine Verantwortung an und legt das Kind in die Arme des Göttlichen. Bewußtsein, d.h. die Wahrnehmung von allem, was im Zimmer und in der umgebenden Welt ist, durchdringt den Augenblick. Es ist der Anfang.

Genauso wie bewußte Geburt ein kosmisches Ereignis ist, an dem jeder teilhat – was am deutlichsten in der Geburt des Christus zu sehen ist – ist auch der Geschlechtsakt ein kosmisches Ereignis. Doch wie selten hören wie je davon, daß der Geschlechtsakt, das Lieben, das die Liebe auf der Erde ermöglicht, die heiligste Handlung in unserer relativen Welt ist. Der Geschlechtsakt dient nicht nur der Entspannung und auch nicht nur der Fortpflanzung unserer Gattung. Er ist bedeutender und weitreichender. Er ist ein kosmisches Spiel, ein Karneval, der alles aus den unsichtbaren Welten ins Spiel bringt; leider wissen und sehen wir dies selten. Der Geschlechtsakt ist ein Ballett, eine Oper; er ist eine Symphonie und eine leidenschaftliche Annahme des Lebens.

Nur durch endlose Vorbereitung und Praxis werden uns die drei großen Mysterien der Geburt, der Sexualität und des Todes offenbart. Das wirft die große Frage auf: Sind wir auf die Sexualität vorbereitet? Obwohl es nicht schwer ist zu erkennen, wieviel wir lernen müssen, um ein Zimmermannsmeister oder ein Arzt zu werden, ein großer Musiker oder Maler, ein Komponist oder Regisseur, halten wir den Geschlechtsakt für selbstverständlich; man kann kaum sagen, daß er bewußt vollzogen wird. Er mag einen hohen Grad an Sensibilität und liebende Aufmerksamkeit hervorbringen, doch wenn er wirklich bewußt erlebt wird, dann ist es eine Handlung, die alle Welten miteinander verschmilzt: die Welt der Gedanken und Gefühle, die Welt der Aspiration und Motivation, die mineralische, pflanzliche, tierische und menschliche Welt. Er ist eine weitreichende und wunderbare Angelegenheit.

Keine Erfahrung eines Menschen gleicht der Erfahrung eines anderen. Was kann man dann über bewußten Sex sagen? Heiligen wir nicht etwas, was es noch nicht gibt – was ungefähr vergleichbar ist mit dem Weihen eines ungesäuerten Brotes? Vielleicht ist dies eine seltsame Analogie, doch genau darum geht es. Denn bei jedem *bewußten* Geschlechtsakt wird irgendwo in der Welt ein Kind empfangen – auch wenn die beteiligte Frau selbst kein Kind empfängt.

Bewußter Sex erzeugt bewußte Hoffnung, d.h. nicht eine Hoffnung, die auf Unwissenheit basiert, sondern eine echte Hoffnung, die aus dem Wissen kommt. Zwei menschliche Wesen, die die wahre Bedeutung der bewußten Sexualität erkennen, sind die Hauptdarsteller in dem Schauspiel, das man ›Leben‹ nennt. Viele von uns wenden sich gerne denjenigen zu, die sich wirklich lieben, jenen, die sich einander völlig hingegeben und sich einem Leben des Dienstes gewidmet haben. Sie haben eine Ausstrahlung wie der Strahl eines Leuchtturms für diejenigen, die an den Klippen der Gelegenheiten gestrandet sind.

Man kann sagen, daß eine Verpflichtung oder Hingabe risikoreich ist, und doch gibt es ohne Risiko keine wahre Liebe. Die Hingabe zeigt uns, was wir verstehen müssen, und dann liegt es an uns, ob wir bereit sind, den Prüfungen ins Auge zu sehen, die den Transformationsprozeß ermöglichen. Tatsächlich kann gesagt werden, daß es ohne wirkliche Verpflichtung oder Hingabe nur ein ständiges Drehen im Kreis gibt, so daß sich die menschliche Geschichte gewissermaßen wiederholt. Bewußter Sex führt zu einer Gemeinsamkeit, einer echten Vereinigung, die nichts zerstören kann. Er konfrontiert genauso mit dem Leben wie mit dem Tod und behandelt »beide Schwindler genau gleich«, wie Rudyard Kipling einst sagte.

Übereinstimmung ist ein stärkeres Wort als Gott. Durch eine Übereinstimmung zweier menschlicher Wesen ist bewußter Sex möglich, nicht nur in dieser Zeit, sondern auch für kommende Generationen. Eine Übereinstimmung kann weitere und höhere Stufen der Übereinstimmung hervorbringen, bis zwei Seelen in zwei Körpern zu einer Seele in zwei Körpern zusammenwachsen, eine Seele in ewiger Liebe. Darum geht es beim bewußten Sex. Er ist nichts weniger als das.

Wie können wir wissen, wie Sexualität bewußt gelebt werden kann, oder wie bewußte Liebe möglich ist? Es besteht kein Unterschied zwischen Geburt, Sex und Tod. Dieser ganze Komplex hat im wesentlichen mit Verstehen, Opferbereitschaft, einer tiefen inneren Liebe und der Überzeugung zu tun, daß wir tatsächlich für einen Zweck hier sind. Dafür müssen wir alle Nerven und Sinne, jeden Atemzug und jede Bewegung, jede Absicht und Übereinstimmung in uns aufbringen. Mit der Übung dieser Qualitäten schöpfen wir dann aus der Höchsten Quelle, die wir uns vorstellen können.

Laßt uns noch einmal diese große Dreiheit von Geburt, Sex und Tod betrachten. Was kommt zuerst? Man sagt, daß die Ursache das Ergebnis ihrer eigenen Wirkung ist; vielleicht liegt darin die Antwort. Das Leben wiederholt sich ewig; es ist ein Wunder, das sich spiralförmig seinen Weg zur Vollendung sucht. Niemand kann sagen, wo es beginnt oder wo es enden wird, da es in Wirklichkeit weder Anfang noch Ende gibt. Es hat nur den Anschein, daß die Kreisläufe gelegentlich unterbrochen werden. Wir fürchten uns vor dem Tod, aber in der Angst liegt Unwissenheit. Im Wissen gibt es keinen Tod. Es gibt nur die reine Bewußtseinsenergie, die in sich alle verschiedenen höheren Energien aus Welten in sich trägt, die jenseits jeder möglichen Vorstellungskraft liegen, die wir aufbringen können, bevor wir wach, frei und verständnisfähig sind.

Heilung hat mit dem Verstehen der Wahrheit zu tun, denn Liebe und Wissen sind die zwei Seiten unseres Herzens. Das Verstehen der Notwendigkeit, in diesen drei großen Augenblicken dieses Lebenskreislaufes bewußt zu sein, sollte nicht unterschätzt werden. Wenn wir nicht im gegenwärtigen Augenblick sind, befinden wir uns in der Hölle. Diese ist kein seltsamer Bereich in einer Welt nach dem Tode. Das Jenseits ist *hier*, nachdem wir schließlich in die Ewigkeit des gegenwärtigen Augenblicks aufgewacht sind.

Kürzlich wurden wir zu einem jungen Freund gerufen, der an einer unheilbaren Krankheit litt und im Sterben lag. Er befand sich auf der Intensivstation, und als wir das Krankenhaus erreichten, war er dem Tode sehr nahe. Ich sagte zu ihm: »Mein Freund, es gibt nur zwei Dinge, die ich dir sagen möchte. Das erste ist: Weißt du, daß du geliebt wirst?« Diese Erkenntnis ist ganz bestimmt der erste Schritt zur wahren Heilung und wird oft vergessen. »Ja,« erwiederte er, und ich wußte, daß seine Antwort echt war. »Nun,« sagte ich, »nach all den Jahren der Übung mit dem Atem und dem Lernen, bewußt zu sein, versuche jetzt bitte, bei deinem letzten Atemzug bewußt zu bleiben und versuche, folgende Worte in dir zu fühlen: ›Ich liebe dich – es gibt nichts anderes.‹ Wenn dir das gelingt, wird deine Erinnerung bei dir bleiben.« Wir verabschiedeten uns von ihm, und als wir aus der Tür gingen, drehte ich mich um, zeigte mit dem Finger nach oben und sagte: »Wir sehen uns dort oben wieder!« Es war eine sehr bewegende Erfahrung, denn ich lachte und weinte gleichzeitig. Er lächelte mit großer Würde und schaffte es zu sagen: »Paß auf. Ich bin vielleicht schneller zurück als du denkst. Wenn ihr beide euch entschließt, ein Kind zu haben, nehme ich diese Gelegenheit vielleicht wahr!«

In dieser Episode liegt ein wirklicher Aspekt der Wahrheit. Unser Freund starb bewußt, und mit dieser tapferen Anstrengung wurde irgendwo ein Kind in Liebe empfangen und bewußt geboren. Können wir das Ausmaß dieser Erkenntnis begreifen? Jede bewußte Geburt, jede bewußte sexuelle Vereinigung und jeder bewußte Tod erzeugt in einem anderen Menschen die Möglichkeit, eine höhere Seinsebene zu erreichen. Durch das Opfer jener, die vor uns gegangen sind, existieren wir überhaupt, und durch jene, die in diesem Leben aufgewacht sind, haben wir die Chance, selbst wach zu werden.

Hier taucht wieder einmal die Frage auf, wie man diesen Beobachter in sich schaffen kann, oder wie wir zu dem Erwachen können, was schon vorhanden ist. Dazu möchte ich noch einmal betonen, daß Übungen unerläßlich sind. Sie sind Bestandteil der Ökonomie des Lebens. Wir erhalten sie für unser Leben. Das Paradox ist, daß die Illusion unserer Getrenntheit von der Einheit nicht in uns sterben kann, bevor wir nicht wach sind, und wir können nicht wirklich wach sein, bis wir die Illusion überwunden haben! Tatsächlich ist das ganze Leben ein Paradox, ein Spiel, eine Maskerade, und das, was wir daraus machen, zählt wirklich. Wenn wir bewußt sterben, ist jemand anderes dazu verpflichtet, dieselbe Aufführung zu wiederholen, denn in Wirklichkeit gibt es nur ein absolutes Sein, und wir sind nur Teile dieses Ganzen, die

Manifestationen der göttlichen Einheit.

Darin liegt ein weiteres Paradox. Wenn es keinen Tod gibt, wie können wir dann bewußt sterben? Die Antwort liegt im Atem. Wir kommen mit dem ersten Atemzug ins Leben und gehen mit dem letzten Atemzug aus dem Leben, doch meistens halten wir das, was uns gegeben wurde, für selbstverständlich. Wir halten die Jahreszeiten für selbstverständlich, unsere Geschlechtsrolle und die anderer Leute, deren Familien und deren Leben. Wir halten sehr vieles für selbstverständlich, ohne uns klar darüber zu sein, daß der Respekt in unseren Beziehungen an erster Stelle steht. Achtung kommt noch vor der Liebe. Liebe ist reine Energie, die sich in dieser Welt manifestiert, um mitzuhelfen, »das große Experiment des Lebens« (G.I. Gurdjieff) fortzusetzen.

Durch die Verwirklichung des Atems, nicht durch die Annahme, daß dieser von alleine weitergeht, gelangen wir zu dem großen Geheimnis dessen, was man als Tod bezeichnet. Für mich ist Tod kein Geheimnis. Er ist ein Wunder, ein wunderbares und schönes Wunder, durch das Menschen aus einer Welt der Prüfung und des Leidens genommen werden, und doch gleichzeitig immer noch bei uns sind. Sagte nicht Jesus: »Ich werde immer bei euch sein, bis zum Ende der Zeit.«

Ich habe keine Angst vor dem Tod. Der Todesprozeß mag vielleicht schmerzhaft und schwer sein, aber er ist auch eine Herausforderung. Einige der größten Meister haben sich bewußt entschieden, durch enorme Leiden hindurchzugehen, nicht für sich selbst, sondern um andere von unnötigen Leiden in deren Leben zu erlösen. Es gibt viele Beispiele. Die Agonie des Todes in wahrem Bewußtsein führt zur Herrlichkeit und Pracht der kommenden Welten. Dies ist eine Herausforderung, der wir begegnen können. Wir sind hier um zu heilen, und diese heiligen Ereignisse wie Geburt, Sex und Tod, sind die Schlüssel zur wahren Freiheit.

Übungsteil

Einführung in das Übungsprogramm

Es benötigt Übung, um die Meisterschaft in einer Disziplin zu erlernen, sei es im Handwerk, der Architektur, der Medizin, im Design oder jedem anderen Beruf, und durch diese Fähigkeiten haben wir einen Rahmen, innerhalb dessen wir anderen Menschen dienen können. Wir sind hier, um als bewußte Menschen zu heilen. Aber um bewußt zu werden, müssen wir in der Ökonomie des Lebens zuerst einen gewissen Einsatz bringen. Mit Praxis und Geduld lernen wir zu verstehen. Wie ich schon sagte, werden uns die drei großen Mysterien des Lebens, bewußte Geburt, bewußte Sexualität und bewußter Tod, nur durch endlose Vorbereitungen und durch Übung offenbart. Wir können nicht voraussetzen, daß wir wissen. Hingebungsvolle Übung entwickelt den Willen, mit dem wir in der Lage sind, unser Leben dem Dienst zu widmen.

Der Zweck des Übungsprogramms ist es, uns zu helfen, auf den physischen und feineren Ebenen unseres Wesens ein Gleichgewicht zu finden, so daß wir »hier« sein können um zu heilen. Wahre Heilung kann nur im gegenwärtigen Augenblick geschehen. Diese Übungen helfen dabei, uns nicht zu identifizieren, sondern vielmehr bewußt am Leben teilzuhaben. Die Übungen dienen nicht dazu, uns ›high‹ zu machen oder in Ekstase zu versetzen. Durch gewissenhafte Durchführung können sie uns jedoch befähigen, ein festeres Fundament aufzubauen, auf dem wir dem Planeten und unseren Mitmenschen besser dienen können.

Dieses 24-Tage-Programm ist so entworfen, damit die Lebenskraft regelmäßig fließen kann. Die rechte Haltung ist überaus wichtig. Sehr häufig werden bestimmte Übungen gemacht, um aus einer emotionalen oder mentalen Situation zu entfliehen, doch wenn sie auf diese Art benutzt werden, können sie eine gegenteilige Wirkung haben. Die beste Art und Weise, an solch ein Übungsprogramm heranzugehen, ist, es wie eine medizinische Vorsorgemaßnahme zu betrachten. Wenn unsere Zähne nicht regelmäßig geputzt werden, entsteht Karies und Paradontose, aber wenn wir sie regelmäßig und gründlich reinigen, ersparen wir uns viel Ärger und Geld!

Dieses besondere Programm kann in Verbindung mit allen anderen Übungen oder Praktiken durchgeführt werden, die wir sonst befolgen. Wenn der Zyklus beendet ist, können alle oder nur eine der Übungen fortgesetzt werden. Die von mir vorgeschlagenen 24 Tage haben ihren Grund in der Zeit, die wir für die Ausscheidung von Giftstoffen benötigen, die sich so leicht auf den verschiedenen Ebenen unseres Seins ansammeln.

Wer das Programm mitmacht, sollte sich jeden Tag zumindest 20 Minuten für gute körperliche Übungen wie Jogging, Gehen, Tennisspielen oder irgendeine andere bevorzugte Aktivität reservieren. Die Art dieser Übung ist nicht so entscheidend, sondern eher die Intention, mit der sie gemacht wird. Wir versuchen, mit jedem Atemzug bewußt zu sein. Wenn wir uns zum Gehen als Tagesaktivität entschieden haben, sollten wir versuchen, die größtmöglichste Intensität hineinzubringen, ohne uns zu überfordern; dabei können wir versuchen, mit jedem Schritt bewußt zu sein. Unser Ziel ist es, auf allen Ebenen im Gleichgewicht zu sein und so eingestimmt, daß wir jeden Moment und in jeder Situation wissen, was wir tun; ebenso sollten uns die Konsequenzen einer Handlung klar sein. Ohne bewußte Übungen ist es schwierig, dieses Gleichgewicht aufrechtzuerhalten.

Es kann hilfreich sein, sich mit anderen zu verabreden, dieses Programm gemeinsam durchzuführen, da eine gemeinsame Zustimmung zu einer Handlung schon der halbe Gewinn ist. Wirkliche Übereinstimmung erzeugt eine bestimmte Art der Energie. Wenn der Freund oder Partner dem gleichen Programm und Zeitplan folgt, kann es für beide von Segen sein, auch wenn die Übungen hauptsächlich für den einzelnen entworfen sind. In diesem Programm werden keine Gruppenübungen beschrieben. Jeder Mensch ist jedoch einzigartig innerhalb der Einheit, und darum können Übungen mit anderen durchgeführt werden, die mit dem gleichen Ziel im Herzen und Geist zusammengefunden haben, auch wenn die individuelle Übung sich von der des anderen unterscheidet, wie zum Beispiel in der Entscheidungsübung.

Es ist am besten, wenn die persönlichen Erfahrungen nicht mit jedem besprochen werden. Es besteht nämlich die Gefahr, daß jemand eine »gute Erfahrung« eines anderen, die er selbst nicht gehabt hat, auch zu erleben versucht; diese würde jedoch nicht real sein. Keine zwei Menschen haben je dieselbe Erfahrung. Es mag Ähnlichkeiten geben, doch das ist alles. Wir sind alle einzigartig, und genauso wie kein Fingerabdruck sich gleicht, können wir nicht dieselbe Erfahrung wie ein anderer machen!

Schließlich rate ich dazu – auch wenn dies natürlich nicht erzwungen werden kann – daß, wenn aus irgendeinem Grund mehr als zwei Tage hintereinander während des 24-Tage-Programms ausgelassen werden, der Kurs wieder von vorne begonnen werden sollte. In einer der spirituellen Schulen, in denen ich studiert habe, wurde sogar gesagt, daß jeder, der mehr als zwei Gruppensitzungen hintereinander verpaßt hat, weggeschickt würde, um sich zu überlegen, was der *wirkliche* Grund für die Abwesenheit wäre, als der scheinbar offensichtliche Grund. Ein junger Mann hatte sich beim Skifahren sein Bein gebrochen, und seine Entschuldigung war der Krankenhausaufenthalt. »Ah« sagte unser Lehrer, »aber *warum* hast du dir dein Bein gebrochen? Du hast es früher nie gebrochen, das weiß ich. Da es jedoch keinen Zufall gibt, muß es so gewesen sein, daß deine Absicht, die Klasse zu besuchen, nicht stark und klar genug gewesen war. Du hast einfach einen günstigen Weg gefunden, dich aus den Ergebnissen einer schwachen Absicht herauszuwinden.« In diesem Falle verstand der Mann die Sache deutlich, und er wurde nicht weggeschickt.

Laßt uns den großen Sufi-Spruch in Erinnerung rufen: »Halte deine Absicht mit jedem Schritt, den du unternimmst, vor Augen. Dein Ziel ist die Freiheit, und das darfst Du nie vergessen.«

Atemübung

Sitze auf einem festen Stuhl, die Füße flach auf dem Boden, Fersen zusammen, die Fußspitzen schräg auseinander, so daß derZwischenraum der Füße ein Dreieck bildet. Die Beine nicht überkreuzen; die Hände liegen flach auf den Knien, während die Arme ganz entspannt sind. Der Solar Plexus hat zwei untergeordnete Zentren, welche sich in den Knien befinden. Die Knie sind hochsensible Körperteile. Wenn man mit geschlossenen Augen die Aufmerksamkeit auf die Knie richtet, kann man fühlen, daß sie einen Energiestrahl aussenden. Aufgrund dieses Energiestrahles wird man auch nicht gegen eine Wand laufen.

Der Rücken sollte ohne große Anstrengung gerade gehalten werden, damit die Energie ungehindert fließen kann. Mit der Zeit wird sich der Rücken ganz natürlich gerade halten können. *Diese Übung sollte nicht länger als zehn Minuten gemacht werden,* man kann sie aber während des Tages öfters wiederholen.

Bevor du mit der bewußten Atemübung beginnst, stelle dir das schönste Objekt vor, das es für dich in der Natur gibt. Es kann eine Pflanze sein, ein Baum, ein Wasserfall, das Meer oder irgendetwas anderes, das dir etwas bedeutet. Alle diese Dinge helfen uns, Gottes Schönheit zu sehen und ein schönes Leben zu leben.

Für diese Übung können wir die Augen geöffnet oder geschlossen halten. Bei geöffneten Augen fixieren wir eine Stelle, die nicht mehr als zwei Meter von uns entfernt ist. Wenn deine Augen geschlossen sind, dann stelle dir das Objekt, das du gewählt hast, in der gleichen Entfernung vor. *Meditiere nicht über eine Kerze bei dieser Übung.* Das ist sehr wichtig. Das Objekt bzw. die Vorstellung soll uns helfen, unsere Aufmerksamkeit auf einen Punkt zu bringen, nicht aber über das Objekt zu meditieren.

Nun erkläre ich den heiligen Rhythmus, den 7-1-7-1-7-Rhythmus, über den ich schon in meinen früheren Büchern berichtete, und den ich schon lange Zeit lehre. Dieser Rhythmus kommt aus dem alten Ägypten, wo viele Hieroglyphen und andere Quellen diese Übung darstellen und zeigen, wie sie getan werden soll. Diese Übung ist einfach, doch anfangs erscheint sie uns schwierig, weil wir es gewohnt sind, ohne Aufmerksamkeit und Bewußtheit zu atmen. Du wirst bemerken, daß dieser Rhythmus exakt mit der Tonleiter übereinstimmt.

Zuerst richte deine Aufmerksamkeit auf den Solar Plexus, dann auf die Mitte der Brust, wo das Herzzentrum ist. Beim Einatmen konzentrieren wir uns auf den Solar Plexus, du atmest sozusagen durch den Solar Plexus ein, und das Ausatmen erfolgt über das Herzzentrum.

Bei dem 7-1-7-1-7-Rhythmus kommt es nicht auf die Geschwindigkeit an, ob langsam oder schnell. Wichtig ist die genaue Zahlenfolge, auf die wir Wert legen. Wähle für dich die passende Geschwindigkeit. Atme durch den Solar Plexus ein und nehme alle Elemente der Erde, die Mineralstoffe (du kannst sogar die Vitamine einatmen, die du brauchst) in dich auf und fülle dich mit all dem, was für deinen Körper und seine Bestandteile notwendig ist. Scheue dich nicht, das zu nehmen, was du brauchst, solange du es mit dem Verständnis tust, daß deine Entwicklung wiederum dem Leben dient.

Während des Einatmens durch den Solar Plexus zählst du innerlich gleichmäßig bis sieben, mache eine kurze Pause und bringe in diesem Moment deine Aufmerksamkeit zum Herzzentrum, atme dann wieder bis sieben aus. Während des Ausatmens strahle durch das Herzzentrum Liebe und guten Willen auf die gesamte Menschheit aus, so als wärst du ein

Leuchtturm für alle Schiffe, die in den Hafen einfahren. (Stelle dir das in Sekunden vor: 7 Sekunden einatmen, 1 Sekunde Pause, 7 Sekunden ausatmen, 1 Sekunde Pause, 7 Sekunden einatmen, 1 Sekunde Pause usw.) Sei sicher, daß du nicht nur nach vorne hin ausstrahlst, sondern auch in allen anderen Richtungen: nach hinten, rechts, links, oben und unten. An diesem Punkt entsteht eine enorme Wahrnehmung des Wunders oder der Großartigkeit, weil wir begreifen, daß wir fähig sind, der Menschheit und der Erde zu dienen.

Wir können die Qualität der Luft, die wir einatmen, wählen. Wenn du durch die Praxis des Atmens Fortschritte gemacht hast, kannst du durch genaue Vorstellung (Visualisation) die Luft einatmen, die über ganz bestimmten heiligen Gebieten oder Stätten auf diesem Planeten zirkuliert. Du kannst die Luft von Jerusalem einatmen, oder von Glastonbury in England, ohne deinen Stuhl zu verlassen, auf dem du gerade sitzt.

Der letzte Schritt in dieser Übung ist die Verfeinerung des Atems, also ein alchemistischer Prozeß. Beginne damit, indem du nur so viel einatmest, wie du gerade brauchst; nicht mehr. Das sollte nicht mehr Kraft benötigen, als das Flattern der Flügel eines Schmetterlings. Es besteht keine Notwendigkeit, das Atmen zu verstärken. In gewisser Hinsicht atmest du auf dieser Stufe nicht selbst. Du wirst geatmet. Atem ist Leben! Dies ist der ruhende Pol in einer wartenden Welt.

Um diese Übung abzuschließen, kehre zu deinen Empfindungen zurück. Spüre deinen Körper und übernehme die Verantwortung für ihn. Nehme das Zimmer oder deine Umgebung wahr, und fühle dich abschließend mit dem im Einklang, was du ausgeführt hast.

Tagesabschlußübung

Es ist unvermeidlich, daß sich während des Tages eine Menge von Gedanken und Ideen in uns anhäufen, die wir nicht verarbeitet haben und in den nächsten Tag mit hineinnehmen. Es ist sehr wichtig, daß wir diese Gedankengänge klären, damit sie nicht zu unserer Motivation oder Triebkraft werden. Das 24-Tage-Programm ist darauf abgestellt, uns in den gegenwärtigen Augenblick zu bringen und den Fluß unserer Lebenskraft zu steigern. Viele Leute haben berichtet, daß die Tagesabschlußübung in diesem Zusammenhang sehr wertvoll und hilfreich für sie gewesen sei.

Bevor du einschläfst, liege entspannt auf dem Rücken, die Arme gerade an den Körperseiten und die Beine nebeneinander, nicht überkreuzt. Atme tief und gleichmäßig. Richte nun deine Aufmerksamkeit auf die Fußsohlen und erinnere dich bewußt an dem Augenblick, als du am Morgen aus dem Bett gestiegen bist. Versuche, dir die Eindrücke oder Empfindungen von diesem Moment noch einmal vorzustellen. Das Schlüsselwort zu dieser Übung ist Dankbarkeit. Wir versuchen, für jede Erinnerung, die aufkommt, bewußt ein Gefühl der Dankbarkeit zu haben.

Laß deine Aufmerksamkeit langsam durch die Beine und den ganzen Körper hochsteigen. Erinnere dich an alles, soweit es dir möglich ist, was während des Tages geschehen ist. Deine Füße verkörpern den ersten Augenblick des Aufstehens, weil sie der erste Teil deines Körpers sind, der den Boden berührt hat. Versuche, nichts zu be- oder verurteilen, egal, welche Erinnerungen auftauchen. Es gibt zwar die sogenannten unerfreulichen Erfahrungen, aber da das Leben an sich unser wirklicher Lehrer ist, zählt nur die Erfahrung. Es gibt immer etwas, was wir aus unserer Erfahrung lernen können.

Wenn du deine Empfindung durch den ganzen Körper geleitet und dich an so viel wie möglich erinnert hast, wiederhole diesen Vorgang noch zweimal. Dadurch soll sichergestellt werden, daß in uns nur noch das Gefühl der Dankbarkeit zurückbleibt und kein Neid, Stolz, Bitterkeit oder andere negative Emotionen, die uns so häufig heimsuchen. Dies braucht natürlich einige Übung, aber in ein paar Tagen wirst du sehen, wie dir diese Übung den nächsten Tag auf richtige Art und Weise hilft.

Wenn du diese Übung beendet hast, (nach drei Durchläufen) entscheide dich, wann du genau am nächsten Morgen aufstehen möchtest; danach habe eine ruhige und erholsame Nacht.

Verjüngungsübung

Viele von uns haben während des Tages Zeiten, in denen ihre Leistung und Aufmerksamkeit abgesunken ist und es schwer ist, Dinge zu erledigen. Besonders, wenn wir in einer Stadt leben, wo die Luft schlecht ist, und wir gegen den Lärm und den Verkehr ankämpfen müssen, ist es nützlich, hilfreiche Mittel gegen diese Umstände zu haben. Die folgende Übung ist dafür entworfen.

Nimm eine Wasserschüssel (oder das Waschbecken, wenn es groß genug ist) und fülle sie mit kaltem Wasser. Die Tiefe des Gefäßes ist wichtig. Wenn du deine Hände flach auf den Boden der Schüssel legst, sollte das Wasser genau bis zur Mitte der Handgelenke reichen.

Lege einen Kupferpfennig in die Schüssel, so daß er zwischen beiden Händen liegt, die mit Daumen und Zeigefinger ein Dreieck bilden. Die Schüssel sollte gerade so hoch stehen, daß dein Rücken von der Taille ab so gerade wie möglich bleibt, wenn du dich nach vorne beugst.

Zähle beim Einatmen innerlich bis sieben, und während du dich nach vorne über die Schüssel beugst, halte für einen Augenblick den Atem an. Dann atme im Siebenerrhythmus aus, während du dich wieder aufrichtest. Wiederhole diesen Vorgang sieben Mal und kehre dann die Atmung um, indem du beim Vorbeugen ausatmest und beim Aufrichten einatmest.

Atemübung im Stehen

Der Zweck dieser Übung ist die Verstärkung des Flusses der Lebenskraft und dient auch dazu, die Konzentrationskraft zu verbessern. Sie kann uns auch helfen, die blockierten Kanäle in den ätherischen bzw. feinstofflichen Körpern zu öffnen.

Für diese Übung benötigst du eine dicke weiße Pappe, die ungefähr 30 cm im Quadrat groß ist, in deren Mitte ein schwarzer Punkt von der Größe eines Mark-Stücks eingezeichnet ist. Dieser schwarze Punkt muß genau gemalt sein, deshalb ist es besser, Tusche dafür zu benutzen. Die Pappe wird in Augenhöhe an die Wand gehängt.

Bevor du weitermachst, strecke deinen Körper etwas, um ihn in Bewegung zu bringen, bevor du dich in 1,80 m Entfernung aufstellst. Die Arme hängen an der Seite herunter, der Körper nimmt eine aktive, aber entspannte Haltung ein, der Rücken bleibt gerade. Die Beine sollten leicht gespreizt sein. Wenn du merkst, daß mehr Energie durch das rechte Nasenloch strömt, stelle den rechten Fuß leicht nach vorne, wenn mehr Energie durch das linke Nasenloch strömt, stelle den linken Fuß leicht nach vorne. Wenn der Atem perfekt im Gleichgewicht ist, sollten die Beine parallel stehen, die Füße leicht auseinander. Nimm zwei 20-cm-lange Stäbe, die ungefähr so dick sind wie ein Besenstiel, in je eine Hand. Die gesamte Übung besteht aus zwölf Atemzyklen.

Blicke bei der Übung auf den schwarzen Punkt auf der weißen Pappe an der Wand und atme im Rhythmus von 7-1-7-1-7. Während du innerlich bis sieben zählst, lenke den Atem auf den Solar-Plexus. Gleichzeitig erhebe dich auf den Fußspitzen und drücke die Stäbe fest mit den Händen. Der Rest deines Körpers, wenn möglich sogar die Oberarme, sollte ganz entspannt sein. Nachdem du bis sieben gezählt hast, entspanne langsam Hände und Handgelenke und gehe in die ursprüngliche Stellung zurück. Währenddessen atme leicht vom Zentrum der Brust in alle Richtungen aus.

Wie schon erwähnt, sollte die Übung nur zwölf Atemzyklen (d.h. 12 Mal ein- und ausatmen) lang gemacht werden. Es ist besser, die Übung vor einer Mahlzeit zu machen. Wenn die Übung fertig ist, packe die Stäbe gut in Stoff ein, und lege sie an einen sicheren Platz. Im Laufe der Zeit werden sie eine ganze Menge magnetischer Energie speichern, und deshalb solltest du nicht leichtfertig mit ihnen umgehen. Um die Übung abzuschließen, strecke dich mehrmals und fahre dann mit dem fort, was du sonst zu tun hast.

Entscheidungsübung

Die meisten von uns lernen nie, daß es zwei Arten von Gedankenmustern gibt! Es gibt ebenso Tagesgedanken und Nachtgedanken, wie Tagträume und Nachtträume. Es ist wichtig, diese Sache zu verstehen. Es gibt eindeutig Dinge, die für die Zeit nach dem Sonnenuntergang besser zu tun geeignet sind, als während des Tages. Umgekehrt gilt das natürlich auch.

Durch die folgende Übung beginnen wir, nach und nach eine Verschmelzung dieser zwei Gedankenarten hervorzubringen. Die Wirkung zielt darauf hin, uns mit einer bestimmten Willensqualität in Verbindung zu bringen, die wir zuvor nicht hatten. Die Einfachheit der Übung sollte uns nicht verleiten, sie komplizierter zu machen, als ich sie beschreibe, auch wenn wir das Gefühl haben, wir würden einen zusätzlichen Gewinn daraus ziehen. Alle diese Übungen sind im Kern einfach. Eine Version dieser Übung lernte ich bei den Pfadfindern!

Methode

Bevor du zu Bett gehst, versetze dich mit der Atemübung in einen ruhigen Geisteszustand und visualisiere (bildlich vorstellen) dir etwas, was in deinem Haus, deiner Wohnung oder deinem Garten getan werden muß und nicht länger als fünf Minuten zur Erledigung benötigt. Die Aufgabe sollte außerordenlich einfach sein, zum Beispiel Schuheputzen, Toiletten reinigen, Schrank aufräumen, Regale abstauben und andere Dinge, die man lange Zeit vermieden hat. Im Garten kannst du Unkraut aus einem Beet entfernen, eine Hecke schneiden, oder einfach den Weg fegen. Alle diese Dinge sind keineswegs neu oder anders als sonst, da man sie ja immer wieder tut. Der

Unterschied ist jedoch der Entschluß und die Visualisation, und diese dienen dazu, uns in einen größeren Bewußtseinszustand zu versetzen.

Der nächste Schritt in der Übung ist die *detaillierte* Vorstellung bzw. Visualisation der Arbeit, die du dir für den nächsten Tag vorgenommen hast. Es ist äußerst notwendig, diese Visualisierung peinlichst genau durchzugehen. Wenn es zum Beispiel deine Entscheidung war, ein Paar Schuhe zu putzen, dann würdest du dir vorstellen, wo die Schuhe stehen, dich dann darin sehen, sie aus dem Schrank herauszunehmen und an einen passenden Platz zum Putzen zu stellen. Du siehst dich dann vielleicht, wie du ein alte Zeitung darunterlegst und die Schuhcreme aus dem Schrank nimmst und vielleicht auch die Schuhbürste. Fahre mit der Visualisierung fort, bis der gesamte Ablauf der Schuhreinigung beendet ist und du schließlich die Schuhe und die anderen Utensilien wieder in den Schrank zurückstellst, wo sie herkommen.

Ein Teil von uns wird versuchen, diesem Entschluß zu widerstehen, und alle möglichen Entschuldigungen vorbringen, wie zum Beispiel, das Ganze sei banal oder man habe keine Zeit. Das ist genau der Teil von uns, der unter den Befehl des Höheren Selbst kommen muß, bis er bereit ist, auf jede Weise mit diesem zusammenzuarbeiten. Am Ende dieser Übung versuche deshalb sicher zu gehen, daß du ganz willens bist, die Aufgabe des nächsten Tages durchzuführen und zu vollenden.

Der zweite Teil der Übung wird am Morgen getan und ist natürlich die Vervollständigung der Visualisation des Vorabends. Zuerst wiederholst du innerlich den Entschluß, die gestellte Aufgabe durchzuführen, und erinnerst dich an alle Schritte des vorgestellten Ablaufs und den Zeitpunkt, an dem es getan werden soll. Folge zu gegebener Zeit allen Einzelheiten, die du dir vorgestellt hast, bis die Arbeit beendet ist. Wenn die Aufgabe erledigt ist, vergewissere Dich, daß du sie vollständig durchgeführt hast und auch die Zeit und die Art, wie du dir es vorgenommen hattest, und mache dann mit den anderen Dingen weiter.

Ich möchte hier nochmals betonen, daß die Aufgabe nicht mehr als fünf Minuten in Anspruch nehmen soll. Jede Handlung sollte ein bewußter Akt sein, bei dem du deinen Körper darin beobachtest, wie er die Arbeit ausführt, die in deinem Geist zuerst entstanden ist, indem du das Muster der Nachtgedanken dafür benutzt hast.

Stein-im-Wasser-Übung

Egal, wie einfach dir diese Übung zu sein scheint, unterschätze sie nicht. Das Ziel ist, ein sehr tiefes Verstehen des Wesens der Schwingung und Emanation hervorzubringen. Die Leute sprechen häufig davon, jemand habe eine »gute Ausstrahlung«. Es ist ihnen dabei nicht klar, daß sie über die *Emanationen* der Leute sprechen. Emanationen entstehen aus der Schwingungsfrequenz und nicht umgekehrt.

Lasse in deiner Vorstellung einen Kieselstein in ein klares Wasserbecken oder einen Teich fallen. Die Ringe, die du an der Oberfläche siehst, hängen von der Größe des Steines und der Höhe ab, aus der er geworfen wurde. Ob man es glaubt oder nicht, die Ringe, die entstehen, hängen auch von der Stimmung und dem Zustand der Person ab, die den Kiesel wirft. Versuche es!

Das Ziel dieser Übung ist es, zu beweisen, daß *du* sozusagen das Wasser, der Stein und die Person bist, die ihn wirft. Es ist ja eine wissenschaftliche Tatsache, daß wir zumindest aus 64% Wasser bestehen. Wenn wir entdecken, welcher Teil von uns der Stein ist, können wir das Wesen dieser Emanationen verstehen.

Ablauf

Setze dich ganz still hin und folge dem Atem im 7-1-7-1-7-Rhythmus. Schließe deine Augen langsam und sorgfältig; ziehe dann deine Sinne von der äußeren Welt zurück. Stelle dir vor, daß du am Ufer eines völlig unbewegten Teiches sitzen würdest. Kein Wind kräuselt die Wasseroberfläche, und alles ist völlig still und ruhig. Es ist am frühen Morgen. Suche einen glatten, runden Kieselstein am Ufer des Sees. Spüre diesen in deiner Hand. Poliere ihn mit deinen

Fingern und der Handfläche. Wiege ihn in der Hand, lerne ihn genau kennen. Fange an, ihn gern zu haben.

Als nächstes versuche, deinen Stein auf eine solche Weise in den See zu werfen, daß die Erschütterung des Wassers möglichst gering bleibt. Man sollte kaum das Platschen hören, wenn der Stein hineinfällt. Mache dich bereit, ruhig und ausgeglichen. Wenn du soweit bist, werfe den Stein in dem gewählten Winkel, beobachte seinen Flug und den Bogen, den er nimmt, und wie er in den See fällt. Bleibe ruhig sitzen und folge den Ringen, die aus dem Zentrum des Steinwurfs kommen, bis der See wieder ganz ruhig ist. Du wirst sehen, wie die Ringe immer größer und größer werden, doch die Erinnerung bleibt an dem Punkt, als der Kiesel das Wasser berührte. Die Erinnerung bleibt dort, weil du dich dazu entschieden hast; sonst würde das für immer vergessen sein.

Wenn der See völlig unbewegt geworden ist, beobachte wieder deinen Atem. Fühle deinen Körper in einem gesammelten Zustand wo du sitzt, und öffne dann achtsam die Augen und beobachte deine Umgebung. Bemerke, ob sie anders als vor der Übung zu sein scheint.

Wenn man diese Übung beherrscht, ist es erstaunlich zu sehen, welche Wirkung sie auf ein chaotisches Restaurant, einen Supermarkt oder eine Bank haben kann.

Die Spiegelübung

Es wird oft gesagt, daß »alles mit Spiegeln getan wird.« Was wir in dieser relativen Welt sehen, ist natürlich eine bloße Reflektion der Welt des Werdens. Diese ist wiederum eine Spiegelung einer noch höheren Welt, und der Prozeß geht bis ins Unendliche weiter. Wenn wir zu verstehen anfangen, bemerken wir, daß diese vorübergehende Welt, in der wir für eine kleine Weile verbleiben, nur ein Teil des größeren Lebensprozesses ist. Genau wie es ein Leben auf der Erde gibt, das hauptsächlich organisch ist, so gibt es ein höheres Leben, eine höhere Evolutionsstufe, die wir *bewußte Evolution* nennen. Viele Menschen verstehen dies nicht, da wir die meiste Zeit nur in der Welt leben, die wir um uns herum wahrnehmen, und von der wir uns einbilden, sie sei *wirklich*. In Wirklichkeit ist dies eine Reflektion.

Wir können es auch anders sehen. Was für einen Sinn hätte es, wenn es keine Erde gäbe, auf die die Sonne ihr Licht ausstrahlen könnte? In unserem Sonnensystem ist die Sonne zu dem Zweck geschaffen worden, der Erde dieses Licht zu geben, und da alles miteinander verbunden ist, kehrt die Reflektion des Lichtes von der Erde zur Quelle allen Lichtes zurück. Vergleichbar damit wird die innere Arbeit manchmal »der Pfad der Rückkehr« genannt.

Die Sonne wiederum erhält ihr Licht von einer anderen Sonne aus einem anderen galaktischen System, die wiederum ihr Licht von einer noch entfernteren Sonne nimmt, und jedes Licht ist immer mehr verfeinert. Das Licht hinter der Sonne kann nicht mit bloßem Auge gesehen werden, doch es kann mit dem Herzen gespürt und gefühlt werden. Es wird manchmal *Schwarzes Licht* genannt, da wir das Schwarz nicht mit unserem normalen Auge sehen können. Dieser Ideenkomplex erinnert sehr an die Geschichte von Alice im Wunderland, die sich in mehreren Spiegeln sieht.

Übungsablauf

Visualisiere sieben Spiegel vor dir, so als ob diese auf einem Tisch vor dir aufgestellt wären.

1. Sehe dich im ersten Spiegel, so wie du dir selbst erscheinst. Betrachte dich, wie du aussiehst.
2. Schaue in den siebten Spiegel. Ich nehme an, daß du dort nichts siehst.
3. Blicke dich im ersten Spiegel an.
4. Blicke in den zweiten Spiegel – und sehe dort jedes körperliche Problem, das du evtl. hast. Blicke in den zweiten Spiegel, nachdem du den ersten Spiegel angenommen hast.
5. Nun drehe den ersten Spiegel herum, so daß er in den zweiten reflektiert. (Körperlicher Schmerz, der das betrachtet, was du dachtest zu sein.)
6. Blicke in den dritten Spiegel. Dies wird dein sexuelles Leben darstellen, ganz ehrlich und echt und natürlich, nicht nur den Geschlechtsakt. Laß dies in den vorhergehenden Spiegel spiegeln.
7. Jetzt drehe den ersten Spiegel wieder herum, damit er dich anblickt und sehe, ob du anders aussiehst.
8. Nun drehe den zweiten Spiegel, der wieder wie zuvor den ersten reflektiert, und drehe den dritten Spiegel zum vierten. Unser Gebet wird gereinigt.
9. Betrachte dein emotionales Leben im vierten Spiegel – so wird der Beginn der höheren Gefühle durch den vorherigen Spiegel aktiviert.
10. Nimm die ersten vier Spiegel und konfrontiere dich damit. Wir werden jetzt durch die Zeit gehen. Habe Glauben an den Herrn, gehe durch die ersten vier

Spiegel. Gehe durch Zeit und Raum, bereits frei von den niederen Emotionen, und destilliere einen Aspekt von dir selbst.

11. Nimm den fünften und sechsten Spiegel zusammen, trete dir gegenüber und laß alle Vorstellungen von dir gehen. Wenn du in Schwierigkeiten bist, blicke wieder in den ersten Spiegel wie am Anfang.
12. Drehe den fünften Spiegel herum, so daß er in den sechsten reflektiert und dann blicke in den siebten. Drehe den siebten Spiegel, so daß er die endlosen Möglichkeiten reflektiert.
13. Laß das Licht hinter der Sonne den siebten Spiegel bescheinen.
14. Drehe den siebten Spiegel zum sechsten, beleuchte ihn mit dem Licht, das hinter der Sonne ist, und leite dieses Licht durch den sechsten in den fünften Spiegel.
15. Dann drehe alle Spiegel auf einmal, so daß du durch alle sieben Spiegel oder sieben Schleier des Lebens blickst.
16. Fühle deinen Körper so, wie er ist, bevor du deine Augen öffnest oder die Kontemplation beendest.

Gegenwärtigkeitsübung

Ohne im gegenwärtigen Augenblick zu sein, werden wir sicherlich kaum sehr gute Heiler sein. Entweder arbeiten wir dann aufgrund von Meinungen, die auf der Vergangenheit basieren, oder tagträumen in die Zukunft. Darum wird jede Übung, die uns hilft, mit jedem Teil unseres Wesens, mit jeder Zelle unseres Körpers in den gegenwärtigen Augenblick zu gelangen, segensreich sein, nicht nur für uns alleine, sondern zum Guten des Ganzen. Es ist beinahe unsere Pflicht, uns selbst »zu sammeln« und so fähig zu sein, besser zu dienen.

Der Verstand ist wie ein wildes Pferd, das gezähmt und zu unserem Freund werden muß. Die Zeit kann dann auf unserer Seite sein. Wie wir zweifellos alle wissen, entstehen aus dem Verstand mit all seinen vielen und komplizierten Facetten und den Emotionen die hauptsächlichen Ursachen für unsere körperlichen Krankheiten. Wir wissen auch, daß jede Zelle des Körpers Bewußtsein hat und sich ständig verändert. Damit ein richtiger Fluß in uns sein kann, muß der Verstand kontrolliert und der Körper und seine Organe an ihre richtigen Funktionen erinnert werden. Dafür ist diese Übung gedacht.

Die Gegenwärtigkeitsübung kann zu jeder Zeit durchgeführt werden, wenn wir es für notwendig erachten. Nachdem wir das 24-Tage-Programm abgeschlossen haben, sollte es möglich sein, einfach mit Hilfe des Atems, der Visualisierung der Übung und der Erinnerung an die Arbeit, die wir geleistet haben, in den gegenwärtigen Augenblick zu gelangen.

Bevor irgendeine Heilarbeit gemacht wird, ob diese nun mit Menschen, Tieren, Vögeln, dem Pflanzenreich oder dem Planeten selbst zu tun hat, ist es von wesentlicher Bedeutung, daß wir daran arbeiten, im gegenwärtigen Augenblick zu sein. Außer vielen anderen Dingen ist es auch ein Schutz für uns selbst. Es bietet eine gewisse Sicherheit vor sogenannten »äußeren Einflüssen« im gegenwärtigen Augenblick. Wir nehmen nur äußere Gedanken- und psychische Phänomene auf, wenn wir uns teilweise in Zeit und Raum verlieren.

Übungsablauf

Es gibt viele Übungsvariationen, um in den gesammelten Zustand zu kommen. Ich möchte versuchen, die folgende Übung sehr einfach zu halten. Zuerst muß die Entscheidung getroffen werden, ob man wirklich bereit ist, im gegenwärtigen Augenblick zu sein. Dies erfordert ein Opfer in unserer Welt, ein Opfer von ein wenig Zeit, die man vielleicht für etwas scheinbar Interessanteres benutzen könnte! Das nächste ist, einen geeigneten Platz zu finden, und wenn es möglich ist, sollte man auf einem Stuhl sitzen, ohne die Beine überzuschlagen. Deine Knie sollten leicht auseinander sein, und deine Füße im Winkel von 45 Grad zueinander stehen. Wenn du am Strand oder in den Bergen bist, wo es keine Stühle gibt, setze dich im Schneidersitz hin, so daß dein Körper fest mit dem Boden in Verbindung ist. Du mußt auch herausfinden, was die bequemste Richtung ist, in die du blickst. Natürlich hängt dies davon ab, wo du lebst, d.h. im Osten, Mittleren Osten oder im Westen. Es geht darum, dein eigenes magnetisches Feld dem der Erde anzupassen, da wir alle einzigartig und verschieden voneinander sind. Dafür rate ich immer, daß man jede Richtung ausprobiert, bis man die findet, in der man sich am wohlstenfühlt.

Lege deine Hände leicht auf die Knie, nehme deine Umgebung und was um dich herum vorgeht wahr, und richte deine Aufmerksamkeit auf den Scheitel des Kopfes. Entspanne sehr sorgfältig alle Muskeln, vom Kopf angefangen bis zu den Füßen, und widme besondere Aufmerksamkeit den Schläfen, den Augen, den Augenlidern, den Wangen, dem Kiefer und sogar der Zunge. Vergesse nichts. Nachdem du das getan hast, bringe deine Aufmerksamkeitsenergie zur rechten Seite des Körpers und leite sie vom Nacken zu der Schulter. Löse alle Spannungen in der Schulter und dem Schulterblatt und laß dann deine Aufmerksamkeit den rechten Arm hinuntergleiten bis zum Ellbogen, den Handgelenken, der Hand als Ganzes und zu jedem einzelnen Finger. Kehre nun zur rechten Schulter zurück und leite die Aufmerksamkeit die rechte Seite des Körpers hinunter, und bemerke, ob es dort irgendeine Spannung gibt. Du kannst auch die Dimension des Lichts in die Organe leiten und zu anderen Teilen im Inneren des Körpers. Bewege die Aufmerksamkeit die rechte Seite hinunter, durch die rechte Hüfte, das rechte Gesäß, den Oberschenkel, das Knie und dann durch das ganze Bein bis zu dem Fußgelenk, dem Fuß und den Zehen. Wenn wir mit dieser Seite durch sind, gehen wir zur linken Schulter und wiederholen die Übung jetzt auf der linken Seite. Schließlich leite deine Aufmerksamkeit wieder zum Scheitel des Kopfes und bringe dann in einem Zug Licht und Entspannung in den ganzen Körper.

Wenn deine Augen geschlossen waren, öffne sie sehr langsam und schaue dann in den Raum, in dem du sitzt. Empfinde, wie du dich fühlst; beobachte das Aufsteigen und Fallen deines Atems und sei sehr still. Es gibt nichts zu fürchten; es gibt nur zu SEIN.

Übungsprogramm

Übungsplan

0	1	2	3
SONNTAG	MONTAG	DIENSTAG	MITTWOCH
Vorbereitung	Entscheidungs-übung	Entscheidungs-übung	Entscheidungs-übung
-	-	-	-
FRÜHSTÜCK	FRÜHSTÜCK	FRÜHSTÜCK	FRÜHSTÜCK
-	-	Atemübung	Atemübung
-	Gegenwärtigkeits-übung	Gegenwärtigkeits-übung	Gegenwärtigkeits-übung
-	-	-	Atemübung im Stehen
MITTAGESSEN	MITTAGESSEN	MITTAGESSEN	MITTAGESSEN
-	-	Atemübung	Atemübung
-	-	-	Atemübung im Stehen
ABENDESSEN	ABENDESSEN	ABENDESSEN	ABENDESSEN
-	-	-	-
Beginn der E.übung	Entscheidungs-übung	Entscheidungs-übung	Entscheidungs-übung
-	Klärungsübung	Klärungsübung	Klärungsübung

4	5	6
DONNERSTAG	FREITAG	SAMSTAG
Entscheidungsüb.	Entscheidungsüb.	Entscheidungsüb.
Atemübung im Stehen	-	-
FRÜHSTÜCK	FRÜHSTÜCK	FRÜHSTÜCK
Atemübung	Atemübung	Atemübung
Gegenwärtigkeitsüb.	Gegenwärtigkeitsüb.	Gegenwärtigkeitsüb.
Atemübg. im Stehen	-	-
MITTAGESSEN	MITTAGESSEN	MITTAGESSEN
-	Atemübung	-
Atemübung im Stehen	-	-
ABENDESSEN	ABENDESSEN	ABENDESSEN
-	Stein-im-Wasser	-
Entscheidungsübg.	Entscheidungsübg.	Entscheidungsübg.
Klärungsübg.	Klärungsübg.	Klärungsübg.

7	8	9	10
SONNTAG	MONTAG	DIENSTAG	MITTWOCH
Entscheidungsüb.	Entscheidungsüb.	Entscheidungsübg.	Entscheidungsüb.
Atemüb. im Stehen	Spiegelübung	-	Atemüb. im Steher
FRÜHSTÜCK	FRÜHSTÜCK	FRÜHSTÜCK	FRÜHSTÜCK
Atemübung	Atemübung	Atemübung	Atemübung
Gegenwärtigkeits-übung	Gegenwärtigkeits-übung	Gegenwärtigkeits-übung	Gegenwärtigkeits-übung
Atemüb. im Stehen	-	-	Atemüb. im Steher
MITTAGESSEN	MITTAGESSEN	MITTAGESSEN	MITTAGESSEN
-	Atemübung	Atemübung	Atemübung
Atemüb. im Stehen	-	-	Atemüb. im Steher
ABENDESSEN	ABENDESSEN	ABENDESSEN	ABENDESSEN
-	-	-	-
Entscheidungsüb.	Entscheidungsüb.	Entscheidungsüb.	Entscheidungsüb.
Klärungsüb.	Klärungsüb.	Klärungsüb.	Klärungsüb.

11	12	13
DONNERSTAG	FREITAG	SAMSTAG
Entscheidungsüb.	Entscheidungsüb.	Entscheidungsüb.
-	-	-
FRÜHSTÜCK	FRÜHSTÜCK	FRÜHSTÜCK
Atemübung	Atemübung	Atemübung
Gegenwärtigkeitsüb.	Gegenwärtigkeitsüb.	Gegenwärtigkeitsüb.
-	-	-
MITTAGESSEN	MITTAGESSEN	MITTAGESSEN
-	Atemübung	-
-	-	-
ABENDESSEN	ABENDESSEN	ABENDESSEN
-	Stein-im-Wasser	-
Entscheidungsübg.	Entscheidungsübg.	Entscheidungsübg.
Klärungsübg.	Klärungsübg.	Klärungsübg.

14	15	16	17
SONNTAG	MONTAG	DIENSTAG	MITTWOCH
Entscheidungsüb.	Entscheidungsüb.	Entscheidungsübg.	Entscheidungsüb.
Atemüb. im Stehen	Spiegelübung	-	Atemüb. im Stehen
FRÜHSTÜCK	FRÜHSTÜCK	FRÜHSTÜCK	FRÜHSTÜCK
Atemübung	Atemübung	Atemübung	Atemübung
Gegenwärtigkeitsübung	Gegenwärtigkeitsübung	Gegenwärtigkeitsübung	Gegenwärtigkeitsübung
Atemüb. im Stehen	-	-	Atemüb. im Stehen
MITTAGESSEN	MITTAGESSEN	MITTAGESSEN	MITTAGESSEN
-	Atemübung	Atemübung	Atemübung
Atemüb. im Stehen	-	-	Atemüb. im Stehen
ABENDESSEN	ABENDESSEN	ABENDESSEN	ABENDESSEN
-	-	-	-
Entscheidungsüb.	Entscheidungsüb.	Entscheidungsüb.	Entscheidungsüb.
Klärungsüb.	Klärungsüb.	Klärungsüb.	Klärungsüb.

18	19	20
DONNERSTAG	FREITAG	SAMSTAG
Entscheidungsüb.	Entscheidungsüb.	Entscheidungsüb.
-	-	-
FRÜHSTÜCK	FRÜHSTÜCK	FRÜHSTÜCK
Atemübung	Atemübung	Atemübung
Gegenwärtigkeitsüb.	Gegenwärtigkeitsüb.	Gegenwärtigkeitsüb.
-	-	-
MITTAGESSEN	MITTAGESSEN	MITTAGESSEN
-	Atemübung	-
-	-	-
ABENDESSEN	ABENDESSEN	ABENDESSEN
-	Stein-im-Wasser	-
Entscheidungsüb.	Entscheidungsüb.	Entscheidungsüb.
Klärungsüb.	Klärungsüb.	Klärungsüb.

21	22	23	24
SONNTAG	MONTAG	DIENSTAG	MITTWOCH
Entscheidungsüb.	Entscheidungsüb.	Entscheidungsübg.	Entscheidungsüb.
Atemüb. im Stehen	Spiegelübung	-	Atemüb. im Stehe
-	-	-	Spiegelüb.
FRÜHSTÜCK	FRÜHSTÜCK	FRÜHSTÜCK	FRÜHSTÜCK
Atemübung	Atemübung	Atemübung	Atemübung
Gegenwärtigkeits-übung	Gegenwärtigkeits-übung	Gegenwärtigkeits-übung	Gegenwärtigkeits-übung
Atemüb. im Stehen	-	-	Atemüb. im Stehe
MITTAGESSEN	MITTAGESSEN	MITTAGESSEN	MITTAGESSEN
-	Atemübung	Atemübung	Atemübung
Atemüb. im Stehen	-	-	Atemüb. im Stehe
ABENDESSEN	ABENDESSEN	ABENDESSEN	ABENDESSEN
-	Stein-im-Wasser	-	Stein-im-Wasser
Entscheidungsüb.	Entscheidungsüb.	Entscheidungsüb.	Entscheidungsüb.
Klärungsüb.	Klärungsüb.	Klärungsüb.	Klärungsüb.

25	26	27
DONNERSTAG	FREITAG	SAMSTAG
-	-	-
-	-	-
FRÜHSTÜCK	FRÜHSTÜCK	FRÜHSTÜCK
Atemübung	Atemübung	-
-	-	-
-	-	-
MITTAGESSEN	MITTAGESSEN	MITTAGESSEN
-	Atemübung	-
-	-	-
ABENDESSEN	ABENDESSEN	ABENDESSEN
-	-	-

Nachwort

Die Absicht dieses Buches war es, Möglichkeiten für jene zu eröffnen, die fähig werden wollen, ihren Mitgeschöpfen und dem Planeten besser zu dienen. Auch wenn einige der Ideen in diesem Buch weit hergeholt klingen, sind ihre praktischen Anwendungen im wesentlichen einfach. Die Übungen des 24-Tage-Programms können von jeder Frau und jedem Mann durchgeführt werden. Wenn man sich des Zieles der Aufgabe dauernd erinnert und zu Beginn die Absicht klar verankert wird, wird sich der Widerstand gegenüber der Disziplin während der Durchführung des Programms bald auflösen, und der Übende wird bald Zutrauen fassen.

Tatsächlich ist heute eine Zeit großer Veränderungen und wir benötigen jede Hilfe, die wir erhalten können. Ich bete, daß dieses Buch für viele Menschen unbekannte Ufer eröffnet und die Gefühle und Intuitionen von anderen bestätigt.

Möge es allen Wohlergehen!

Santa Cruz, California, USA, 1. April 1985

Östliche Weisheit / Yoga

Swami Krishnanand Saraswati

Die Bhagavadgita im täglichen Leben

Das Buch hat nicht die Absicht, den vielen Kommentaren über die berühmte Gita einen weiteren beizufügen; vielmehr möchte der Autor jene Aspekte des ehrwürdigen Buches zugänglich machen, die ungezählten Menschen Hilfe zu rechtem Leben geboten haben und dazu ermutigen können.

Die Bhagavadgita hatte große Bedeutung für die Friedens- und Freiheitsbewegung der Inder. Aurobindo, Gandhi und andere bezogen sich auf dieses Buch, auch wenn es ein „kriegerisches" Thema hat. Doch dabei geht es um den inneren Kampf mit den eigenen Schwächen und die selbstlose Pflichterfüllung und dem Dienst am Nächsten.

Der 84-jährige Saraswati hat diese Lehren sein ganzes Leben lang praktiziert und vielen Menschen in aller Welt geholfen. Dieser kurze Text ist die Essenz seiner Erfahrung in einfacher und für jeden verständlicher Sprache.

Aus dem Inhalt:

„Einer, der die Wahrheit erkannt, der Frieden gefunden hat im Atman, hat nichts zu gewinnen vom Handeln, und nichts zu verlieren durch den Verzicht darauf. Doch der Weise arbeitet weiter, sagt die Gita, um anderen durch sein Beispiel den Weg der Pflicht zu weisen. Er weiß, daß die Leute einen großen Menschen nachahmen, und daß, sollte er zu arbeiten aufhören, sie es auch täten. Sie würden niedersitzen, die Augen schließen — und glauben, dies sei Meditation. Auf diese Weise würden sie bloß zu Nichtstuern und Schwindlern werden. Daher, und weil er den Sinn jener, die um die Frucht der Arbeit willen arbeiten, nicht verunsichern will, arbeitet er weiterhin, frei von Egoismus, den Sinn auf Gott gerichtet. Solche Arbeit ist wahrer Gottesdienst."

96 S., DM 15,—
ISBN 3-921786-41-X

Verlag Bruno Martin

Reshad Feild

Schritte in die Freiheit

Die Alchemie des Herzens

Reshad Feild ist der Autor der beiden Erfolgstitel ,,Ich ging den Weg des Derwisch" und ,,Der Siegel des Derwisch". In seinem dritten Werk faßt er die Erfahrungen und Erkenntnisse seines ungewöhnlichen Lebens zusammen. In beinahe aphoristischer Kürze wird der Leser in die Mitte der Lehren geführt, die Reshad erhalten durfte — und damit bahnt der Sufi und Christ Feild für jeden einen Weg, den er selbst gehen kann.

Ein Buch über das wesentliche Wissen des Herzens, über die Möglichkeit, in einem solchen Zustand der Liebe zu sein, damit wir die Vollkommenheit des Lebens in jedem Augenblick verstehen lernen.

,,Wir müssen lernen, das Leben genauso anzunehmen, wie es ist, uns selbst genauso wie wir sind. Vor allem anderen müssen wir das Annehmen lernen, bevor wir irgendetwas tun können."

Der Autor bleibt nicht bei dem stehen, was wir lernen müßten, sondern zeigt uns vor allen Dingen, wie wir es lernen können.

Aus dem Inhalt:
Die Frage stellen — Bewußte Liebe — Meditation, Vertrauen, Dienst — Die Suche nach der Identität — Entscheidung — Einstimmung — spirituelle Nahrung — Der einzige Sinn des Lebens ist die Schönheit — Bewußtes Leiden — Das Erkennen der Wahrheit — Atmen — Sexualität — Verlangen — Gott im Herzen fixieren — Die Barrieren für eine Transformation — Gemeinschaft — Bruderschaft — Gebet — Sterben vor dem Sterben — Der Pfad des Mystikers — Der Symbolismus der Heiratszeremonie — Die Alchemie des Herzens

160 S., DM 22,—
ISBN 3-921786-42-8

Verlag Bruno Martin